나는 영어가 재미있다

나는 영어가 재미있다

나는 영어가 재미있다

궁금했지? 알려줄게!
영어와 친해지는 비법
나는 영어가 재미있다

초판 1쇄 인쇄	2022년 04월 18일
초판 1쇄 발행	2022년 04월 25일

지은이	이선미
펴낸이	박남균

펴낸곳	북앤미디어 디엔터
등록	2019.7.8. 제2019-000090호
주소	서울시 영등포구 국회대로 675, 9층
전화	02)2038-2447
팩스	070)7500-7927
홈페이지	the-enter.com

책임	박남균
북디자인	디엔터콘텐츠랩
편집이사	김혜숙
편집	박희라
해외출판	이재덕

ISBN 979-11-977707-1-5 (03740)
정가 15,000원

궁금했지? 알려줄게! 영어와 친해지는 비법

나는 영어가 재미있다

해피써니 이선미 지음

북앤미디어 디엔터

Book&Media

영어와 친해지면 인생이 바뀐다

18년이라는 세월 동안 '영어 교육'이라는 한 길만 걸었다. 이제 곧 있으면 강산이 두 번 변한다는 20년을 코앞에 두고 있다. 한 분야에서 10년간 몸 담고 일을 하는 사람에게는 '장인'이라고 말할 수 있다고 하는데, 이쯤 되면 나도 '영어 장인'이라고 할 수 있지 않을까? 스스로 던진 질문에 괜스레 웃음이 나온다. 자만하지는 않지만, 자신감은 확실하다. 영어를 향한 식지 않은 열정과 아이들을 사랑하는 마음에 대한 자신감은 오늘도 충만하기 때문이다.

맨 처음 시작은 평범했다. 그냥 영어가 좋았다. 그래서 무작정 영어 공부를 하기 위해 한국을 떠난 적도 있다. 그렇게 좋아하던 영어를 업(業)으로 처음 시작한 것은 영어 어학원이었다. 어학원에서 일하면서 동시에 어린이집과 유치원 파견 영어 강사 일도 했다. 초등학교 방과후 영어 교사도 수년간 병행했다. 몇 건의 영어 개인 과외는 입소문이 나면서 학생 수가 걷잡을 수 없이 늘었다. 그래서 오픈한 게 영어 공부방이었다. 단 석 달 만에 다섯 타임의 수업이 조기 마감되었고 마케팅도 하지 않았는데 이미 동네에서는 소문이 자자했다. 등록하기 위해서는 줄을 서서 기다려야 하는 소위 말해 엄마들 사이에서 인정받는 인기 최고의 잘나가는 영어 공부방이 되었다.

대단한 스펙을 자랑하는 선생도 아닌데, 왜 그렇게 대기까지 하면서 등록하려 했을까? 이유는 생각보다 단순했다.

'어떻게 하면 아이들에게 영어를 쉽고 재미있게, 그러면서도 제대로 가르칠 수 있을까?'

18년간 영어를 가르치고 있는 나의 한결같은 고민이다. 그리고 무엇보다 영어와 아이들을 사랑하고 '영어 선생님'이라는 직업에 감사하며 자랑스러워한다는 것이다. 좋아하는 일을 원 없이 즐기고 누리기 위해 끊임없이 연구하며 아이들과 소통하기 위해 노력한 결과는 한 지역 사회에서 인정받는 영어 학원으로 성장할 수 있었다.

한번 인연이 된 아이들은 보통 4~5년을 함께했다. 단언하건대 나와 함께했던 아이들은 영어에 대한 불안함과 거부감을 극복한 것을 넘어 영어와 친해지고 영어로 말하는 것을 즐기는 아이들로 100% 변화하고 성장할수 있었다. 이렇게 자신 있게 말할 수 있는 데에는 이유가 있다. 좋아하는 일에 한 번 빠지면 확실한 끝맺음을 하는 성격 탓에 나에게 대충이라는 단어는 있을 수 없었다. 어떻게 하면 아이들이 영어와 친해질 수 있는지 끊임없이 연구했고 시도했다. 아무리 맛있는 음식이라 해도 매일 한 음식만계속 먹을 수는 없는 것처럼 아무리 좋아하는 일이라도 일은 일이기에, 지치지 않기 위한 자기 계발도 쉴 없이 이어갔다. 뜨거운 열정보다 더 중요한 것이 식지 않는 열정이라고 하지 않던가.

누적 수강생의 수가 천 명을 넘으면서부터는 그 수를 세지 않았다. 18개월 아이부터 70대의 어르신까지 다양한 연령층과 함께하면서 '가르친다'라는 생각을 버리고 '함께한다'라는 생각을 하려고 노력했다. 그러다 보니 온 세상이 다 감사함이었고, 영어 공부와 관련된 나만의 노하우가 쌓이기 시작했다. 나누기는 곧 더하기라는 것을 깨달은 순간부터는 혼자만 아는 것에 그치지 않고 나누기 시작했다. 큰돈은 아니지만 지역 단체나 어려운 이웃들에게 기부했다. 급식비가 없는 학생들에게는 졸업까지 급식비 지원을 하기도 했고, 돈을 많이 벌든 적게 벌든 수익의 10%는 꼭 사회에 기부하겠다고 다짐을 했다. 그 다짐은 10년이 한참 지난 지금까지도 실천하고 있다. 처음에는 혼자였지만 지금은 학생들과 함께 1년에 한 번씩 '기부 플리마켓' 행사를 통해 수익금을 기부하고도 있다.

사회에 이바지하는 사람이 되고 싶은 마음에 재능도 나누었다. 경력단절 여성들에게 다시 사회에 발을 내디딜 수 있는 용기와 동기부여를 제공하는 강연을 했다. 영어 공부방을 막연히 계획하는 분들에게는 현실적인 조언과 운영 노하우 그리고 가장 효과가 좋았던 영어 교수법 등을 전해줬다. 그러다 보니 영어 공부방 전문 컨설턴트로 활동하게 되었다.

"너는 이제부터 긴 인생을 살아가게 된다. 항상 나만의 가정만 걱정하고 살면 가정만큼 밖에 크지 못한다. 친구들과 더불어 좋은 직장을 만들고, 열심히 일해서 사회에 봉사하면 그 직장의 주인이 되고 그 사회만큼 커진다. 민족과 국가를 걱정하면서 살면 너도 모르게 민족과 국가만큼 성장하게 되는 게 인생이란다."

이 글은 나이 백 세를 넘긴 철학자 김형석 교수가 중학생이 되었을 때 무학의 아버지가 해주신 말씀이라고 한다. 이 글을 처음 읽었을 때 요동치던 심장을 아직도 잊지 못한다. 많은 메시지를 전해주는 이 말을 가슴에 새기면서 수시로 다짐했다. 나 하나만을 생각하고 나만 잘 먹고 잘사는 사람이 아니라 타인을 생각하고 배려하며, 더 나아가 사회를 이해하고 걱정하며 나눔을 실천하는 사람이 되자. 그리고 나와 함께 영어 공부를 하는 모든 이들도 그러하길 기도했다.

그런 마음으로 《나는 영어가 재미있다》를 집필했다. 영어 전공자도 아니고 대단한 스펙을 내세우지도 않는다. 하지만 영어를 좋아했고, 영어가 궁금했고, 영어를 잘하고 싶어서 무작정 한국을 떠나 직접 부딪치며 살아 있는 영어를 경험했다. 그렇게 영어와 친해지기를 넘어서 현재는 영어를 가르치는 일을 업으로 삼게 된 이야기는 분명 영어에 대한 울렁증을 가진 이들에게 큰 동기부여를 될 것이다.

머리가 뛰어나게 좋아서도 아니고, 돈을 많이 들여서 편안하게 공부한 것도 아닌, 그야말로 맨땅에 헤딩하면서 영어 공부를 했다. 그 과정에서 어떻게 하면 영어를 잘할 수 있는지 알게 되었고 이후 영어 교육 현장에서 알게 된 가장 기본이지만 제일 효과 좋은 영어 학습법을 쉽고 재미있게 정리해봤다.

아이들이 영어를 재미있어하면 좋겠다. 조금 더 정확하게는 영어와 친해졌으면 좋겠다. 영어는 세상을 살아감에 있어서 아주 좋은 무기가 될 수도 있다. 그뿐만 아니라 삶을 더 멋지고 풍요롭게 해줄 수 있는 훌륭한 도구가 될 수 있다는 것을 우리는 이미 잘 알고 있다. 그러나 여전히 많은 사람은 영어에 대한 두려움을 갖고 있다. 바로 그 두려움을 극복할 수 있도록 돕고 싶어 쓴 책이다. 일단 영어와 친해지면, 시작이 쉬워진다.

부모가 먼저 읽고 자녀에게 알려주는 책, 부모와 자녀가 함께 보면서 영어 공부를 하는 책이 되어줄 것이다. 좋은 학교에 보내기 위함이라도 좋고, 좋은 회사에 취직하려는 이유라도 좋다. 목적이 무엇이든 '영어와 친해지기', '영어 잘하기'라는 목표는 같을 것이다. 이 책이 그 목표를 이룰 수 있는 발판이 되어 주길 바란다. 일단 영어와 친해지자. 그러면 영어가 재미있어질 것이다.

포기하지 말고 영어의 최소 임계량인 2,000시간을 제대로 채워가면서 《나는 영어가 재미있다》와 함께 한 걸음 한 걸음 나아가보자!

해피써니 이선미

나는 영어가 재미있다

목차

1장

Hello, My Name is Sunny

Hello, My Name is Sunny

만화 속 세상이 현실이 되었을 때

세상이 던지는 물음표에 느낌표로 답하다

수박밭(Watermelon Field) 인싸!

어서 와, 똥밭(Poop Field)에서 밥 먹는 건 처음이지?

I am amused by English

To learn a language is
to have one more window
from which to look at the world.

- Chinese Proverb -

하나의 언어를 배우는 것은
세계를 보는
또 다른 창문을 갖는 것이다.

- 중국 속담 -

Hello, My Name is Sunny

'착할 선, 아름다울 미'의 이선미는 착하고 예쁘게 살라는 부모님의 깊은 뜻이 담겨 있는 소중한 나의 이름이다. 흥미롭게도 나는 '선미'라는 이름보다 '써니(Sunny)'로 더 많이 불려왔고, 지금도 많은 사람이 '써니'로 부르고 있다. 나는 영어로 말하면서 신나게 웃고 떠들고, 아이들과 주로 영어로 소통하는 소위 잘나가는 영어 학원의 원장이다. 내세울 것 하나 없던 시골의 소녀가 공대생을 거쳐 영어와 사랑에 빠진 러브스토리와 자연스럽게 이어진 '덕업일치(자기가 열정적으로 좋아하는 분야의 일을 직업으로 삼는 것)'는 주변인들에게 자주 회자하는 이야기다.

시작은 만화책이었다. 만화책을 너무 좋아해서 사춘기 시절 내내 만화책에 파묻혀 살 정도였다.

"커서 뭐가 되려고 그래? 하라는 공부는 안 하고 매일 만화책만 보니 걱정이다. 저래서 어디 사람 노릇이나 하겠나?"

어른들은 노상 만화책만 끼고 있는 사춘기 이선미를 향해 걱정과 악담의 경계성 발언을 아낌없이 퍼부어줬지만 사실 크게 달라지는 것은 없었다. 왜냐하면, 만화책 속에는 내가 꿈꾸는 세상이 있었기 때문이었다. 만화책 안의 세상은 시골 소녀에게 더없이 행복한 곳이었다. 때로는 환상의 나라가 되어주었고, 시골이 아닌 도시 생활을 간접 경험할 수 있었던 최고의 도구이자 무대였다.

대학생이 되자마자 나는 만화방에서 아르바이트했다. 내가 좋아하는 만화책을 공짜로 마음껏 볼 수 있는데 심지어 돈까지 벌 수 있으니 그저 좋기만 했다. 그러던 어느 날, 만화방에서 틀어 둔 라디오에서 일본어가 흘러나왔다. 무슨 말인지 알아들을 수 없었지만 이상하게 일본어에 끌렸다. 순간 일본어가 배우고 싶었다. 일본어를 배우고 싶은 그 두근거림을 주체할 수가 없어 곧바로 일본 어학연수 계획을 세웠다. 하지만 형편이 넉넉하지 못한 부모님께 차마 손을 벌릴 수는 없었다. 그래서 그날 이후 만화방 아르바이트가 끝나면 곧장 당구장으로 가서 아르바이트했다. 냉면집, 패스트푸드점, 이런저런 지역 행사 운영 요원 등 다양한 아르바이트를 쉼 없이 계속했다.

아르바이트 틈틈이 일본어 학원에 다니면서 본격적으로 일본어를 공부하기 시작했다. 몸은 힘들었지만 일본어를 배워가는 과정과 시간이 행복했고 마냥 재미있었다. 그동안 만화책에 파묻혀 살던 소녀가 이제는 일본어 공부에 빠진 것이다. 8개월가량 열심히 돈을 벌었다. 그리고 휴학을 한 뒤 그간 모은 돈을 들고 일본에 무작정 갔다. 지금 생각해봐도 참으로 용감했다.

일본의 니가타(Nigata)에서 일본어 공부를 하며 아르바이트로 식당에서 일했다. "요시미짱" 하고 일본인 사장이 부르면 "하이!" 하고 달려갔던 일이 아직도 생생하다. 간단한 회화 정도만 가능했기에 설거지를 하거나 식당의 허드렛일만 해야 했다. 하지만 문제 될 것은 없었다. 문법이 좀 틀려도 사람들과 어울려 대화를 나누는 것이 좋아서 적극적으로 사람들과 이야기하려고 했다. 덕분에 일본어 실력은 빠르게 좋아졌고, 식당 사람들로부터 성격 좋다는 소리를 자주 들었다. 설거지만 하던 가난한 유학생은 어느 날부터 홀 서빙은 물론 그 식당만의 맛 비밀이 숨겨져 있던 오코노미야키를 만드는 일까지 하게 되었다.

일 년간 타국에서 주경야독하는 딸이 애처롭기만 했던 부모님의 걱정과는 달리 나는 제법 씩씩했고, 행복했다. 물론 혼자서 눈물을 삼키는 날도 있었다. 간절히 원하던 일본어 공부를 하고 있다는 그 자체가 감사했기에 긍정적으로 버텨냈던 게 아닐까 싶다. 그 감사함은 한국으로 돌아와 복학한 뒤 더 크게, 그리고 수시로 이어졌다. 일본에서의 경험은 일본어에 대한 자신감으로 아주 큰 자산이 되었다.

이후 4학년 때 단기 교환학생으로 또 한 번 일본을 방문하는 기회가 찾아왔다. 자매결연을 한 대학교에서 수업을 듣고 일본인 친구 집에서 홈스테이하면서 자연스럽게 일본 문화를 이해할 수 있었다. 덕분에 일본어 공부를 더 깊이 있게 할 수 있었다. 일본에서 돌아온 뒤, 한국으로 유학 온 일본인 학생들에게 한국어를 가르치는 일을 했다. 그리고 일본어 통역도 하면서 남은 대학 생활을 의미 있게 보내고 졸업했다. 모든 게 순탄했다.

졸업을 앞두고 일본계 회사에 취직했다. 모두가 부러워하는 상황이었지만 왠지 모르게 배움에 대한 갈증이 이어졌다. 그러다 우연히 서점에서 영어로 되어있는 생텍쥐페리의 《어린 왕자》를 보게 되었다. 아! 첫눈에 반했을 때 겪는다는 그 느낌과 유사한 걸까? 첫눈에 보고 반한다는 말을 믿지 않았던 내가 영어로 쓰여 있는 《어린 왕자》를 보고 마치 첫눈에 반한 듯이 온몸에 짜릿하게 전율을 느꼈다.

"그래, 영어!"

'영어 마스터'라는 새로운 목표가 세워졌다. 곧바로 《어린 왕자》와 《헨젤과 그레텔》이 두 권의 동화책을 원서로 구입했다. 책의 부록으로 따라온 오디오 테이프는 최고의 원어민 영어 선생님이 되어주었다. 출퇴근 시간에 얼마나 반복해서 들었던지 테이프가 늘어져 말소리가 축축

느려지기까지 했다. 오히려 늘어진 테이프 덕분에 말소리 속도가 느려져 따라 연습하기에는 더 좋았다.

그곳이 어디든, 누구를 만나러 가든 이 두 권의 동화책은 늘 함께했다. 이어폰에서 흘러나오는 영어 구연동화는 영어 공부를 향한 나의 갈증을 조금씩 해결해주는 기분이었다. 버스든, 지하철이든 남의 눈치 보지 않고 수백 번, 수천 번 아니 셀 수 없을 정도로 중얼중얼 따라 했다. 얼마나 연습을 했던지, 자다가도 누가 툭 치면 《어린 왕자》와 《헨젤과 그레텔》의 이야기를 영어로 쏟아냈다. 가족들 말에 의하면 잠결에 쏟아내는데도 발음이 어찌나 좋던지, 눈을 감고 들으면 외국인인 줄 알겠다고 할 정도였다. 20년이 지난 지금도 가끔 흥얼거리듯 두 동화를 습관적으로 되뇔 때가 있다. 그럴 때면 "연습량이 얼마나 많았는지 짐작이 되네. 참 열정적이고 멋진 나의 아내 써니."라며 영어에 대한 나의 열정과 애정을 인정해주는 남편이 이제는 곁에 있다.

영어와 사랑에 빠지고 얼마의 시간이 지났을 때, 과연 내 영어 실력이 어느 정도인지가 궁금했다. 무엇보다 객관적인 평가를 받고 싶었다. 그래서 명동에 자리한 어느 유명 어학원을 찾아가 바로 레벨 테스트를 받았다. 그동안 혼자만의 괜한 착각에 빠져 있었던 것은 아니었을까? 그저 혼자만의 짝사랑은 아니었을까? 레벨 테스트 결과가 나오기를 기다리며 별의별 생각이 다 들었다. 그런데 결과는 예상 밖이었다. 나는 그저 영어를 좋아했을 뿐인데 최고의 수준이라고 했고, 최고급 반에 들어갈 수 있는 실력이라고 했다. 레벨 테스트 결과를 들었을 때 기분은 마치 영어와의 사랑을 공식적으로 허락받는 기분이었다고 할까? 마음 놓고 영어를 공부하고 즐기라는 하늘의 메시지처럼 크게 다가왔다. 그래서 나는 회사를 과감하게 그만두고 호주를 향해 떠났다.

"Hello, my name is Sunny."

이때부터 나는 '착하고 예쁘게 살아다오.'라는 뜻의 '선미' 대신 '매일매일 모든 순간을 눈이 부시게 살자.'라는 이선미의 철학이 담긴 영어 이름 '써니(Sunny)'로 불리기 시작했다.

만화 속 세상이 현실이 되었을 때

"그런데요. 써니, 무섭거나 두렵지는 않았나요? 솔직히 저는 두려움
도 컸어요."

어느 날, 나만큼 영어를 좋아하는 A 선생님이 물었다. 그녀는 십수
년 전 내가 근무했던 영어 학원의 직장 동료다. 현재는 영어를 가르치
는 전문 강사이며 영어 공부방을 운영하는 1인 학원 원장이다. 그녀 역
시 영어 공부를 위해 호주에서 몇 년간 살았다. 그런 A 선생님과 나는
말이 잘 통한다. 특히 호주 관련 이야기를 자주 나누곤 하는데, 그날따
라 불현듯 던진 그녀의 질문에 내 심장이 두근거렸다. 오래전 호주에
처음 도착했던 그 날의 기억들이 마치 어제의 일처럼 또렷하게 떠올랐
기 때문이다.

2003년 가을, 티켓 하나 달랑 들고 간 호주였다. 방콕을 경유해서 무려 12시간 만에 호주의 브리즈번(Brisbane)에 도착한 써니를 반겨주는 것은 '써니(sunny)'한 햇살이었다. 호주에 첫발을 내딛는 순간 나에게 쏟아져 내리던 화창한 햇살은 약간의 두려움마저도 기대와 설렘으로 바꿔주기에 충분했다.

"어서 와. 환영해! 오느라 고생 많았어. 너의 결정에 뜨거운 박수를 보내!"

쨍하게 쏟아져 내리는 햇살이 나를 향해 이렇게 말해주는 것만 같았다. 마치 컴컴한 연극 무대 위에 홀로 서 있는 주인공에게 비치는 눈부신 단독 조명처럼 말이다. 오직 나에게만 내리쬐면서 응원을 해주는 것 같던 그 날의 그 뜨거운 햇살을 떠올리면 나의 심장은 지금도 요동친다.

호주에서의 생활은 생각했던 것보다 훨씬 더 다이내믹했고 즐거웠다. 영어 테이프 속에서 듣던 《어린 왕자》와 《헨젤과 그레텔》의 영어 소리가 아무렇지 않게 거리에서 넘쳐났다. 이국적인 거리의 풍경들도 낯설게 느껴지지 않았다. 어쩌면 어린 시절 만화책을 보면서 상상해왔던 세상이 눈앞에 펼쳐진 것 같아 그저 반갑고 좋았는지도 모른다.

어떤 날은 교통비가 아까워서 6시간을 내내 걸었던 적도 있었다. 그래도 전혀 피곤하지 않았다. 내가 그렇게 오고 싶었던 나라 호주, 영어를 어디서나 들을 수 있고 구사할 수 있는 나라, 호주가 너무나도 궁금했던 나는 매 순간이 소중했고 아까웠다. 몸의 피곤함은 절대 걸림돌이 될 수 없었다. 한시가 급했다.

영어권의 나라, 호주의 모든 것들이 궁금해서 나는 잠시도 가만히 있을 수가 없었다. 거리의 영어 간판과 가게에서 흘러나오는 노래와 지나가는 사람들의 표정, 말소리, 웃음소리 모든 게 자극이 되었다. 우리나라와는 다른 특유의 냄새와 자유로운 분위기는 호주를 향한 나의 호기심을 더욱 강하게 자극했다.

그렇게 모든 것이 마냥 좋았던 나는 호주 현지 부동산에 직접 찾아가 살 집도 알아봤다. 20대 초반의 몸집이 작고 아담한 아시아 여성의 도전은 모험이기도 했다. 학교도 마찬가지였다. 내가 공부할 학교이니까 꼼꼼하게 내 눈과 귀로 '시범 수업'도 직접 확인해보고 결정했다. 번거롭거나 귀찮다는 생각을 할 틈도 없었다. 모든 것이 다 좋았다.

사춘기 시절 만화책을 보면서 느꼈던 대리 만족의 가상현실이 아닌 직접 보고 만지고 느낄 수 있는 현실이 신기하고 좋았다. 그렇게 내 발로 내가 살 집을 직접 알아보고 손수 공부할 학교까지 결정했다. 고생한 만큼 보람도 있었다. 직접 브리즈번에 있는 학교들을 모두 찾아다니면서 상담을 받고 나름대로 상세히 알아본 덕분에 제법 커리큘럼이 좋은 학교에 등록할 수 있었다.

숙소는 브리즈번 시내를 기준으로 약 1시간가량 걸어가야 하는 먼 곳이었다. 교통비를 아끼기 위해 늘 걸어서 학교에 다녔다. 아침저녁 랭귀지 스쿨(Language School)을 왕복 2시간씩 걸어 다닌 것이다. 학교를 오가던 곳에 있는 사우스 뱅크(South Bank)는 인공 수영장이어서 브리즈번 사람들의 일상을 자연스럽게 엿볼 수 있는 곳이기도 했다. 그곳을 지나갈 때면 발걸음의 속도가 약간 느려졌다. 수영장에서 일상을 즐기는 사람들과 풍경을 천천히 보면서 걸었다. 매일 보는데도 질리지 않았다. 호주 특유의 냄새와 사람들의 자유분방함은 늘 신선했다. 가끔은 같은 시간과 공간에서 그들과 내가 일상을 함께 공유하고 있음이 실감이 나지 않아 눈을 끔벅거리고 볼을 꼬집어 보기도 했다.

그 당시 한국 유학생들은 보통 토익 점수를 잘 받기 위한 듣기 능력을 키우기 위해서 호주나 영국으로 공부를 하러 많이 떠났었다. 그러나 나는 달랐다. 나의 목표는 오직 하나, '지금보다 더 멋지게 영어를 구사하고 싶다. 원어민처럼 영어를 사용하고 싶다.' 였다. 그런 꿈을 갖고 있던 나의 영어 실력 수준은 어떠할지 궁금했다. 서울 명동의 어학원에서는 이미 인정을 받았지만, 호주에서는 과연 어떤 평가가 나올까, 약간의 걱정도 있었다. 궁금증은 빨리 풀렸다. 입학 때 치른 레벨 테스트에서 최상의 결과가 나왔고 나는 'English for Tour Guide Course'를 들을 수 있었다. 말 그대로 여행 가이드가 되고 싶은 학생들을 위한 클래스로 시험에 합격한 학생들만 수강할 수 있었다. 영어 문법은 물론, 리스닝(Listening), 스피킹(Speaking), 라이팅(Writing) 실력을 모두 갖추어야만 수강

할 수 있는 랭귀지 스쿨의 고급반이었다. 20여 년 전에 이렇게 생생하고 실제적인 수업을 지구 반대편에서 내가 직접 들을 수 있었던 일은 지금 생각해도 그저 감사할 따름이다.

정규 수업 시간에는 책상에 앉아 있는 것보다 이벤트를 기획하고 다른 반을 돌아다니며 홍보를 하는 일이 더 많았다. 책과 펜 대신에 마이크를 잡고 학교 버스를 타고 브리즈번뿐만 아니라 퀸즐랜드(Queensland)에 있는 온갖 유적지와 관광지, 유명한 학교와 교회들을 다니면서 현장 수업을 받았다. 여행 가이드처럼 유창하게 영어를 구사하기 위해서 발음과 억양에 신경을 써 스피킹을 업그레이드하는 식의 영어 공부였다. 매일매일 학교 가는 길이 신났다. '살아 있는 영어'를 배우는 시간은 영어를 향한 나의 갈증을 완벽하게 해갈해 주었다.

이런 살아 있는 영어 공부는 주말에도 이어졌다. 랭귀지 스쿨에서 공부하면서 주말에는 기념품 가게에서 아르바이트도 했다. 영어뿐만 아니라 일본어까지 가능했던 터라 다른 사람들보다 시급을 더 받고 일할 수 있는 행운도 누렸다. 소통의 문제는 전혀 없었다. 손님들과 자연스럽게 대화를 나누는 나 자신이 자랑스럽고 기특했다. 이후 시간이 지나 한국에 귀국한 뒤 일하게 된 첫 어학원에서 '살아 있는 영어' 방식을 적극적으로 활용해 주목을 받기도 했다.

세상이 던지는 물음표에 느낌표로 답하다:
내 인생의 BGM은 내가 선곡한다!

영어 공부를 위한 학습과 휴식에 경계가 없었다. 어떤 순간도, 어느 것 하나도 영어 공부가 아닌 게 없었다. 다시없을 기회라고 생각하며 살았기에 가능했다. 잠깐의 휴식도 나를 위한 여행도 영어 공부의 연장선으로 이어졌다.

호주로 공부하러 가겠다고 처음 마음먹었을 때부터 철저하게 준비해 둔 게 하나 있었다. 바로 배낭여행이다. 어디에서 출발하고 또 어디에서 얼마나 머물면서 무엇을 할 것인지에 대해 만반의 준비를 했었다. 수차례 시뮬레이션을 하기도 했다. 한국에서는 아르바이트와 학업을 병행하느라 국내 여행조차 제대로 가 본 적이 없었는데, 과연 호주에서 계획한 대로 여행을 할 수 있을지 의문이었다. 그러나 그 물음표는 곧 느낌표가 되었다.

처음 출발은 시드니(Sydney) 버스 터미널이었다. 비행기를 타거나 기차를 타면 더 빨리 이동할 수 있었겠지만 가난한 유학생은 느려도 저렴한 버스를 선택할 수밖에 없었다. 시드니에서 호주의 수도인 캔버라(Canberra), 캔버라에서 멜버른(Melbourne), 멜버른에서 밀두라(Mildura), 밀두라에서 에어즈 록(Ayers Rock), 에어즈 록에서 다시 시드니로 돌아오는 완벽한 여행 경로를 만들었다.

첫 경유지인 시드니에서 캔버라까지 약 12시간 버스를 타고 이동했다. 설이나 추석 때 서울에서 부산을 오가는 귀성, 귀경길도 이보다는 오래 걸리지 않을 것이다. 잠깐 자고 일어나 창밖을 보면 산보다는 바다가 보였다. 한참을 구경하다 잠깐 잠이 들었다가 깨 보면 이번에는 넓은 들판과 땅들만 보였다. 온통 산으로 둘러싸여 있는 우리나라의 지형과는 확실히 달랐다. 이렇게 작은 도시가 호주의 수도라니 신기했다.

캔버라에서 3일을 여행한 후 호주의 제2 도시로 불리는 멜버른으로 이동했다. 멜버른은 '전 세계에서 살기 좋은 도시 10위' 안에 드는 예쁜 도시라고 한다. 그런데 착하기까지 했다. 시내를 운행하는 트램이 무료였다. 돈이 없는 유학생이나 여행자들에게 최고의 발이 되어주는 교통수단인 트램이 무료라니. 정말 착하고 예쁜 도시 멜버른!

트램을 타고 멜버른의 시작에서 끝까지 곳곳을 구경했다. 무작정 트램에 올라서 이동을 하다가 그 트램이 정차하는 곳마다 하차한 뒤 돌아다녔다. 호주에서의 생활도 1년이 다 되어가는 무렵인지라 영어에 대한 자신감은 최고조였고, 언어로 생기는 장애는 전혀 없었기에 가능했다.

모든 것이 순탄한 것 같았지만, 단 한 가지 어려운 것도 있었다. 그것은 바로 '돈'이었다. 수중에 있는 돈이라고는 10달러가 전부였던 그날, 배는 그날따라 더 고팠다. 다행히 숙소는 일주일 장기 체크인을 해 두었기에 걱정이 없었지만 배고픔은 해결이 되지 않았다.

'이 배고픔을 어떻게 하면 달랠 수 있을까?' 허공을 향해 던진 물음표가 이내 느낌표로 또 한 번 바뀌게 되는 일이 생겼다. 무료 트램(Tram)을 타고 차이나타운(China Town)에 있는 시장에 갔다. 시장에서 콩나물을 내 몸집만큼 샀던 것 같다. 그리고 사흘 정도 그 콩나물로 허기를 달랠 수 있었다. 이 에피소드를 알고 있는 남편은 콩나물만 보면 늘 같은 질문을 한다.

"이쯤 되면 콩나물의 '콩'자만 들어도 기겁을 해야 하는 거 아닌가?
콩나물 반찬은 지긋지긋할 텐데……."

지금도 여전히 콩나물 반찬을 좋아하고 즐겨 먹는 내가 희한해 보이는 남편에게 나는 이렇게 대답하곤 한다.

"난 콩나물이 좋아요. 아삭아삭한 식감에 그때의 추억, 나의 청춘이
참기름처럼 고소하게 콩나물 반찬의 맛을 더해준다고나 할까?"

나는 영어가 재미있다

아마 누가 시켜서 그랬다면 진절머리가 나도 벌써 났겠지만, 다 내가 좋아서 자처한 일이기에 가능했다. 넉넉하지 못한 형편을 투덜거리고 또 누군가를 탓하면서 신세 한탄을 했다면 매 순간 던진 물음표가 과연 느낌표로 바뀔 수 있었을까? 고생스러웠던 상황들을 눈물이 아닌 웃음으로 '하하하' 크게 한 번씩 웃어넘길 수 있었던 것은, '멋지게 영어를 구사하고 싶다. 원어민처럼 영어를 사용하고 싶다.'라는 나의 목표, 목적의식이 뚜렷했기 때문이었을 것이다.

과거 멜버른에서의 나의 일상에 우울한 BGM(Background Music, 배경음악)을 틀어 놓고 본다면 '안타깝고 불쌍하고 가엾다.'라는 생각이 들 수도 있다. 반면에 경쾌한 BGM을 틀어 놓고 본다면 '유쾌하고 씩씩한 어느 아시아의 청년이군. 도전하는 삶, 배움을 향한 열정이 멋지군.' 이렇게 누군가에게는 힘이 되어주는 동기부여가 될 수도 있을 것이다.

내 인생의 BGM은 내가 선택해야 한다. 세상이 던지는 물음표, 내가 던지는 물음표에 당당히 느낌표로 답하는 주도적인 삶을 살아야 한다고 생각한다. 나의 이런 신념 덕분에 내 삶은 언제나 당당한 에너지가 넘칠 수 있었고 반짝반짝 빛날 수 있었다.

수박밭(Watermelon Field) 인싸:
언어의 놀라운 힘

멜버른에서 밀두라(Mildura)라는 호주의 한 시골로 이동을 했다. 아무리 콩나물이 좋아도 허구한 날 콩나물로 끼니를 때울 수는 없었다. 농장이 많은 밀두라에서 아르바이트를 하면서 여행 자금을 벌 계획이었다. 한국에서 모아둔 돈과 시드니에서 아르바이트로 번 돈은 이미 학비와 생활비로 썼기 때문에 여행 자금은 턱없이 부족할 수밖에 없었다. 그렇다고 시골에서 농사를 짓고 계시는 부모님께 손을 벌리기는 싫었다. 돈이 없다고 귀국을 서두르고 싶지도 않았다. 그냥 이렇게 여행 중간중간 농장에서 일해서 돈을 벌고, 또 그 돈으로 다시 여행을 다니는 일도 아주 매력적이었다.

내가 누구인가? 대한민국 농부의 딸이다. 야무진 손끝과 요령 없는 성실함은 농장 주인은 물론이고 함께 일을 하던 가난한 유학생들에게

나는 영어가 재미있다

인정받는 데 그리 오래 걸리지 않았다. 밀두라 농장에서 일하는 유학생들은 다양했다. 2주 동안 밀두라 수박 농장에서 덴마크, 독일, 아일랜드, 일본 등 여러 나라에서 온 청년들과 같이 숙소 생활을 했다. 날이 밝으면 다 같이 수박밭에서 땀을 흘려가며 일을 했다. 그러다 보니 의도치 않게 문제가 생기기도 했다. 말이 안 통하면 오해가 생기기도 쉽다. 영어 실력에 한참 물이 오르고 있을 시기였기에, 농장에서 생기는 크고 작은 사건에는 늘 내가 투입되었다. "Hey, Sunny(헤이, 써니)!" 하고 농장 감독이 부르면 하던 일을 잠시 멈추고 의사소통으로 생긴 문제들을 통역하면서 풀어줬다. 그렇게 나는 호주 멜버른 어느 수박 농장의 '인싸'로 등극했다. 무슨 일이 터지면, "Hey, Sunny!" 하고 마치 유행어처럼 여기저기서 나를 찾았다.

그렇다고 매번 수월하게 해결된 것만은 아니다. 우리나라에 사투리가 있는 것처럼 그곳에도 사투리는 존재했다. 아뿔싸! 귀가 어두웠던 농장 주인 할아버지의 영어 발음은 한 번도 들어 본 적이 없었던, 교과서에서도 학교에서도 학원에서도 배워 본 적이 없었던 생소한 발음이었다. 도통 알아들을 수 없어서 힘들었던 적도 있었다.

종일 힘들게 몸을 쓰고도 숙소에 돌아오면 절대 바로 잠들지 않았다. 이는 다른 나라의 친구들도 마찬가지였다. 다양한 국가에서 온 친구들과 2주간 숙소 생활을 하면서 급격히 친해질 수밖에 없었다. 각자의 나라 이야기, 서로의 꿈을 공유하면서 우리는 잊지 못할 추억을 함께 쌓아갔다. 물론 그 중심에는 "Hey, Sunny!" 바로 내가 있었다.

한번은 남편이 자다가 벌떡 일어나서 한숨을 쉬길래 왜 그러느냐고 물었다. 그랬더니 남편의 대답은, "아, 나, 군대 가는 꿈 꿨어." 와우! 나도 남편과 비슷한 경험이 몇 번 있다. 20여 년 전 호주 밀두라의 수박 농장에서 수박씨를 밭고랑에 넣는 일을 계속하는 꿈을 꾸고 나면, 자다가 벌떡 일어나 앉아서 한숨을 쉬곤 했다. 에너지 넘치는 밝고 긍정적인 우리의 써니도 하루 12시간의 반복 노동으로부터 결코 자유로울 수가 없었다. 끝이 보이지 않는 수박밭에서 새벽 5시부터 저녁 5시까지 구멍을 파고 씨를 넣고 다시 흙을 덮는 일을 매일 허리가 끊어지도록 했다. 어떤 날은 눈만 감아도 땅을 파고 씨를 넣고 흙을 덮는 과정이 마치 오락실에서 했던 테트리스 게임의 장면처럼 '착, 착, 착……', '둥, 둥, 둥……' 떠다니기도 했다.

이런 꿈을 꾸고 나면 그때의 친구들에게 이메일을 쓰기도 한다. 놀랍게도 우리는 20여 년이 지난 지금까지 이메일과 SNS를 통해서 서로의 안부를 묻고 우리들의 젊은 날을, 그때의 추억을 함께 떠올리곤 한다.

나는 영어가 재미있다

어서 와, 똥밭(Poop Field)에서 밥 먹는 건 처음이지?
결핍은 결점이 아니다

여행 경비를 마련하기 위한 아르바이트는 호주뿐 아니라 뉴질랜드에서도 이어졌다. 호주에서 시드니, 뉴질랜드(New Zealand)에서 오클랜드(Auckland)까지는 비행기로 약 4시간 정도가 걸린다. 이번이 아니면 언제가 볼 수 있을까 싶어서 뉴질랜드를 향해 떠나기로 했다. 뉴질랜드에서의 배낭여행은 100일가량 이어졌다. 물론 여전히 가난했다. 그래서 여행 자금이 떨어질 때가 되면 아르바이트를 찾아서 했다.

내가 기억하는 뉴질랜드는 조용하고 차분한 나라다. 오롯이 배낭여행으로 간 내게는 다소 심심하게도 느껴졌다. 그 당시에 〈반지의 제왕(The Lord of the Ring)〉이라는 영화가 전 세계적으로 흥행하고 있었는데, 바로 그 영화의 배경이 뉴질랜드 남섬이었다. 영화의 유명세로 인해 전 세계적으로 많은 여행객이 뉴질랜드를 찾았다. 나 역시도 그중 한 명이었다. 일단, 한국으로 돌아가는 항공 티켓을 예매하면서 뉴질랜드와 필리핀을 경유하는 동선으로 일정을 정리했다. 감사하게도 직항이 아닌 여러 나라를 경유하고 돌아오는 항공권임에도 불구하고 비싸지 않았다. 가난한 유학생의 뉴질랜드 배낭여행은 출발부터 비교적 순조로웠다. 오클랜드에서 해밀턴으로 이동하기 전까지는 말이다.

해밀턴의 어느 키위 농장에서 아르바이트를 했다. 이유는 돈을 벌기 위해서였다. 잠시 여행을 중단하고 키위 농장에서 키위 꽃을 따고 키위 나무의 가지를 치는 작업을 했다. 앞으로 한평생 해야 할 '만세'를 어쩌면 해밀턴 키위 농장에서 다 하지 않았을까 싶다. 종일 만세 자세로 두 팔을 올리고 키위나무의 가지치기를 했다. 두 팔이 떨어져 나갈 것 같은 느낌을 분 단위, 아니 초 단위로 느끼면서 일을 했다.

언젠가 한 번은 나의 친구 A와 함께 호주 유학 시절 이야기를 나눌 때였는데, 그날도 A가 신선한 질문을 던졌다.

"호주의 밀두라 수박 농장 일이 힘들었어요, 아니면 뉴질랜드의 해밀턴 키위 농장이 더 힘들었어요?"

그녀의 질문은 늘 흥미롭다. A의 질문을 받고 잠시 두 노동의 고됨을 저울질 해봤다.

"해밀턴 키위 농장의 승!"

아마 '똥밭에서 밥을 먹어 본 경험'이 있는 사람은 많지 않을 것이다. 그 어려운 경험을 해밀턴 키위 농장에서 매일 해야만 했다. 그것도 21일, 3주간이나 말이다. 키위 농장에서는 혼자가 아니었다. 밀두라의 수박 농장에서는 여러 국가의 유학생 친구들과 함께 있었다면, 해밀턴 키위 농장에서는 자유롭게 뛰어노는 수십 마리의 양들과 함께 있었다. 여기까지 말을 하면, "어머나, 동화 같군요."라며 부러움의 미소를 보여주는 사람들이 대부분이다. 하지만 실상은 지저분하고 냄새가 지독한 똥밭이었다.

키위 농장에서 방목하던 양 떼들은 동화나 영화 속에서 만나왔던 희고 뽀송뽀송한 녀석들이 아니었다. 양들에게 키위 농장은 먹고 자고 놀고, 곧 놀이터이자 화장실이었다. 그로 인해 키위 농장의 양들은 우리가 상상하는 하얀색의 귀여운 녀석들이 아니었다. 검거나 회색이었으며 아주 고약한 냄새가 났다. 악취 덩어리 양들과 하루 10시간씩 함께 키위 농장에서 있어야 했다. 그래도 그럭저럭 잘 참아가면서 일을 했지만, 3주간 절대 적응이 안 된 것도 있었다. 그것은 바로 그 똥밭에서 점심 도시락을 먹는 일이었다. 도시락을 들고 '저만치 떨어진 곳은 괜찮겠지' 하고 냄새가 없는 곳, 양들의 배설물이 없는 곳을 찾고 찾아봤지만 매한가지였다. 호주 밀두라의 수박 농장에서 땅을 파고 씨를 뿌리고 다시 흙을 덮었던 일과는 차원이 다른 경험이었다.

"나의 어린 시절이 그렇게 가난하고 고통스럽지 못했다면《성냥팔이
소녀》를 쓰지 못했을 것입니다. 내가 어린 시절에 친구들에게 따돌림
을 받고 힘든 시기가 없었다면《미운 오리 새끼》는 탄생하지 못했을
것입니다. 어린 시절의 어려움과 고통이 나의 성공의 열쇠입니다."

덴마크의 유명 동화 작가 안데르센(Andersen, Hans Christian)이 어느 인
터뷰에서 한 말이다. 누구나 하기 싫은 일을 견뎌야 할 때가 있다. 그뿐
인가. 자기가 좋아하는 일을 할 때도 슬럼프는 온다. 특별할 것 없는 단
순하고 평범한 일상이 너무 익숙하다는 이유로 어느 날은 지겹게 다가
오기도 한다. 인간 비타민제, 긍정의 아이콘 '해피써니 티쳐'로 하루에
도 수백 번 불리는 나도 마찬가지다.

"왜 이래, 나 똥밭에서 21일간 밥도 먹은 사람이야? 하하하……."

혹여라도 그런 힘든 순간이 찾아오면, 곧바로 뉴질랜드 해밀턴 키위
농장에서의 경험을 떠올린다. 당시에는 무척이나 힘들었지만, 그때의
경험이 한 번씩 넘어지는 나를 일으켜 세운다. 영어를 사랑하고 아이들
을 사랑하는 내가 아이들에게 영어를 가르치면서 살아가고 있음은 참

으로 감사하고 행복한 일이다. 만약 과거 유학 시절에 결핍을 모르고 여유 있게 공부만 할 수 있는 상황이었다면 어땠을까? 현재의 내가 과연 존재할까? 결핍은 결점이 아니다. 결핍은 나를 움직이게 했고 나를 성장시켰다고 자신 있게 말할 수 있다.

2장

영어 공부는 앎이 아니라 행동이다

실패한 사람은 핑계를, 성공한 사람은 방법을 찾는다

오늘 걷지 않으면, 내일은 뛰어야 한다

꽃은 다 다르게 핀다

Think, Think and then Create

Practice Makes Perfect

해피써니 쌤의 저스트 어 모먼트!

I am amused by English

The man who moves a mountain begins
by carrying away small stones.

– Confucius –

산을 옮기려는 사람은
작은 돌부터 움직이는 것을 시작해라.

- 공자 -

실패한 사람은 핑계를, 성공한 사람은 방법을 찾는다:
What 말고 How to

예나 지금이나 영어 공부를 향한 사람들의 학구열은 변함없다. 다양한 종류의 영어 학습서와 영어 공부법 책들이 하루가 멀다고 쏟아져 나온다. 요즘은 온라인 무료 사이트나 유튜브 등을 활용해도 양질의 영어 콘텐츠를 얼마든지 접할 수 있는 세상이다. 영국 드라마나 미국 드라마, 혹은 좋아하는 외국 영화의 대사를 통째로 외우는 고전의 영어 공부 방법은 여전히 많은 사람에게 활용되고 있다. 영어 공부를 하는 모든 사람을 응원한다. 하지만 이점도 명심했으면 한다. '무엇을 하느냐?'보다 '어떻게 영어를 공부할 것인가?' 즉, 'What 말고 How to'에 집중해야 한다는 말을 꼭 해주고 싶다.

'영어 공부는 거대한 산을 정복하는 것과 같다.'

영어 공부를 새롭게 시작하는 사람들이 조언을 구해 올 때면 이 말을 잊지 않고 해준다. 우리가 산을 오르다 보면 처음에는 순조롭다가도 경사가 가파른 비탈길을 만나게 되면 '어디 돌아서 편하게 갈 수는 없나?' '포기하고 그만 내려갈까?' 하는 생각을 하기도 한다.

영어 공부도 마찬가지다. 큰마음 먹고 시작했으니까 일정 기간에는 영차영차 열심히 노력한다. 그러다가 어느 순간 정체기가 찾아오면 '다른 방법으로 공부해 볼까?', '누가 그러는데 어디 학원이 잘 가르치더라', '내가 그러면 그렇지 무슨 영어 공부야, 때려치워!' 하면서 유혹과 포기의 갈림길에서 서성거리기도 한다.

실패하는 사람들은 핑계를 찾고 성공하는 사람들은 방법을 찾는다고 하지 않던가. 아쉽게도 영어 공부에는 요령이 통하지 않는다. 어쩌면 영어 공부만큼 정직한 게 또 있을까 싶다. 영어의 4대 영역인 듣기, 읽기, 말하기, 쓰기를 골고루 공부하고 연습해야 한다. 특히 영어 소리에 노출하기, 즉 듣기를 많이 해줘야 한다. 우리나라의 초등학교 영어 시간은 총 192시간이다. 중학교의 경우에는 288시간이다. 초등학교와 중학교의 영어 공부 시간을 다 합쳐보면 총 480시간이다. 결코, 그리 많은 시간이 아니다. 영어 실력 향상을 위한 영어 노출의 절대적인 시간을 확보해 줘야 하는데 결국에는 가정이나 학원에서의 뒷받침이 필요한 상황인 것이다.

맥스(Max, 학원에서 사용하는 영어 이름)를 처음 만난 건 그가 초등학교 6학년 때였다. 처음 만난 날 진행됐던 레벨 테스트의 결과가 예상보다 낮게 나오자 맥스는 잔뜩 풀이 죽어 있었다. 맥스는 집에서 학습지 영어도 했고, 학원에 다니면서도 꾸준하게 영어 공부를 해 왔다고 했다. 그런데도 맥스의 영어 수준은 초등학교 3학년 정도였다. "How are you?", "What season do you like?"와 같이 당연히 대답할 수 있을 거라 예상했던 질문에도 아무 대답을 못 했다. 맥스는 영어 공부 6개월 차에서 1년 차 정도면 충분히 알 만한 수준의 기초 단어도 몰랐다. 한마디로 맥스의 상태는 영어 공부를 쉬지 않고 5년 넘게 해 왔다고는 믿을 수 없는 실력이었다. 학원 수업과 학습지 방문 영어 수업을 수년간 했지만, 제대로 영어 공부에 몰입했다고 볼 수가 없었다. 수업 시간 이후에는 영어 단어를 외운 적이 없고, 영어 챈트(간단한 어휘를 사용한 리듬감 있는 노래)나 영어 노래를 스스로 들은 적도 없다고 한다. 당연히 영어 원서를 자발적으로 읽어 본 적도 없었다.

학습은 배우는 '학(學)'도 중요하지만 스스로 익히고 그것이 온전히 내 것이 되게 하는 '습(習)'이 더 중요하다. 아무리 많은 인터넷 강의를 듣고 유명 학원에서 수업을 받는다고 하더라도 본인 스스로 공부해서 머릿속에 저장하고 이해하는 '습'의 시간이 없다면 결코 진정한 공부가 될 수 없는 것이다.

맥스는 어쩔 수 없이 자신보다 한참 어린 초등학교 3학년, 4학년 학생들과 영어 공부를 다시 시작했다. 초등학생이 알아야 할 기초 단어부터 시작해서 중학교 입학을 위한 예습으로 초등 필수 어휘를 차근차근 외워 나갔다. 더불어 다양한 영어책을 읽고 같은 내용을 음성으로도 들었다. 노파심에 동생들과 공부하는 시간이 창피하지는 않는지 걱정도 되고 궁금하기도 해서 맥스에게 살짝 물어본 적도 있었는데, 내 걱정은 기우였다.

> "써니 쌤, 재미있어요. 그동안에는 몰랐는데 영어가 진짜 재미있어졌어요."

가르치는 입장에서 얼마나 반갑고 기분이 좋았는지 모른다. 누가 시켜서 억지로 하는 공부가 아니라 맥스는 본인의 영어 실력 향상 과정을 매우 흥미롭게 여기고 즐기고 있었다.

맥스는 해당 학년이 알아야 할 수준의 단어 대신 당시 맥스의 영어 수준에 맞게 알파벳의 소리들이 이루어진 원리부터 시작했다. 파닉스, 사이트 워드 그리고 기초 어휘들을 차근차근 공부했고 맥스가 아는 어휘가 100개, 200개가 될 때까지 어휘 학습에 많은 공을 들였다. 수업 시간만으로는 턱없이 부족했다. 그래서 특별 조치를 했다. 수업 시간 이후 나머지 공부를 진행한 것이다. 당시 영어 공부방은 일주일에 세 번 오는 시스템이었는데 맥스는 일주일에 5일 동안 매일 왔고, 남아서 공부를 더 했다. 심지어 방학이 되면 하루에 3시간씩 매일 영어 공부를 했다. 돌이

나는 영어가 재미있다

켜보면 맥스를 향한 나의 에너지도 대단했지만, 영어 공부를 하려는 맥스의 열정이 더 칭찬할 만하다.

열정적인 맥스에게 기본기부터 차근차근 가르쳤다. 영어 단어가 어떻게 구성되는지 기본 중에도 기본을 알려주었다. 맥스는 기특하게도 영어에 관한 모든 정보와 규칙들을 잘 받아들였고, 시간이 지날수록 영어 실력이 향상되었다. 맥스가 가장 좋아하는 수업은 '논픽션 리딩 수업'과 '영자 신문 수업'이었다. 어릴 적부터 사회, 과학, 지리, 법 등 다양한 분야의 책과 신문을 많이 읽어 온 맥스는 '논픽션 리딩 수업'이 써니 쌤과의 6년간 영어 수업 중에서 가장 좋았다고 했다. 영어로 과학을 공부하고, 영어로 세계 문화를 만나는 리딩 수업이 맥스에게는 힐링의 시간이기도 했다고 말할 정도이니 얼마나 좋아했는지 알 수 있겠다. 맥스의 이 말을 듣고 난 뒤 나는 학원을 소개할 때 '힐링 영어'라는 문구를 추가했다. 그 이후에도 많은 학생이 '해피써니 쌤과의 힐링 영어 공부'라고 말해주니 그저 고마울 따름이다.

흥행에 성공한 드라마와 영화처럼 맥스의 영어 실력에도 드디어 반전이 생겼다. 중학교 1학년 첫 중간고사에서 맥스는 겨우 두 문제만 틀렸다. 100점 만점에 92점이라는 높은 점수를 받은 맥스는 "써니 쌤 덕분이에요. 감사합니다."라는 말도 잊지 않고 전해준 아주 고마운 아이다.

초등학교 6학년 때 처음 만난 맥스는 중학교를 거쳐 고등학교 2학년까지 나에게 영어를 배웠다. 제대로 된 학습법으로 4년 이상 꾸준히 공부한 덕분에 어느 순간부터 맥스는 스스로 목표를 설정하고 계획하면서 영어를 공부했다. 이런 기특한 학생이 나의 제자임이 정말 자랑스러웠다. 맥스가 대입을 앞두고 찾아와 감사의 인사와 더불어 이런 말을 하고 갔다.

"써니 쌤을 통해서 알게 됐어요. 무엇을 하느냐보다 어떻게 하느냐가 중요하다는 것을……."

그렇다. 시간만 낭비하는 공부가 아닌, 실제로 지식이 늘어나고 의사소통이 가능한 영어 실력을 만들기 위해서는 현재 하는 공부법이 올바른지, 나와 잘 맞는지 객관적인 점검이 꼭 필요하다. 그리고 난 뒤 문제점을 찾아 꼭 극복해 내야 한다. 내가 왜 영어 실력이 늘지 않는지 안 되는 핑계만 찾지 말고, How to에 집중하자. 다시 말하지만 실패한 사람은 핑계부터 찾고 성공한 사람은 지혜롭게 방법을 찾는다.

오늘 걷지 않으면, 내일은 뛰어야 한다:
빗방울이 바위를 부수는 힘

'점적천석(點滴穿石)'이라는 말이 있다. '작은 물방울이라도 끊임없이 떨어지면 결국엔 돌에 구멍을 뚫는다.'라는 뜻이다. 한 방울 두 방울 떨어지는 처마의 빗방울이 거대한 바위를 깎을 수도 있고, 구멍을 낼 수도 있으며 결국에는 그 큰 바위를 쪼갤 수도 있다. 이것이 가능한 이유는 빗방울이 강해서가 절대 아니다. 작고 힘없는 빗방울의 꾸준함 때문일 것이다. 영어 교육을 하는 지도자의 입장에서나 그 교육을 받는 학생의 입장에서도 이런 자세는 정말이지 필요하다.

빗방울처럼 꾸준하게 내려 어느 순간 바위를 쪼개듯 선생과 학생 모두에게는 영어를 향한 열정도 중요하지만, 그 열정이 식지 않도록 유지해 주는 꾸준함과 성실함이 필요하다. 실력이 늘지 않는 아이에게 포기하지 않는 애정과 관심은 정말 중요하다. 학생의 입장에서도 마찬가지다.

영어 공부를 향한 꾸준함과 우직함, 집중과 끈기는 절대적으로 필요하다. 한 번에 뚝딱 영어 실력이 향상되리라는 요령을 꿈꿔서는 안 된다.

성인의 빠른 걸음으로도 40분가량이 족히 걸리는 거리에 사는 학생 한 명이 있었다. 영어 공부를 위해 그 먼 거리를 걸어 다녔던 그 학생의 이름은 제니(Jenny, 학원에서 사용하는 영어 이름)였다. 초등학교 5학년 여학생의 걸음으로 왕복 두 시간 거리를 주 3일이나 걸어 다닌다는 것은 그리 쉬운 일은 아니었을 것이다. 제니는 나의 수업을 꼬박 두 시간 듣고 난 뒤에도 바로 집에 가지 않았다. 내 곁에서 영어 숙제도 하고 영어 단어도 외우고 학원에 비치해 둔 영어책을 읽었다. 때로는 학교 숙제를 하면서 스스로 자신만의 자습 시간을 영어 공부방에서 보내곤 했다. 나의 퇴근 시간을 기다리면서 말이다.

초등학교 5학년 때 처음 만났던 제니는 그렇게 중학교 3학년 졸업을 할 때까지 총 5년간 나와 함께했다. 제니와 함께 봄, 여름, 가을, 겨울 각각의 계절 변화를 약 5번가량 보고 나니 유난히 정이 많이 들기도 했다. 제니가 유독 예뻤던 이유는 성실함이었다. 제니는 5년이라는 기간 동안 단 한 번도 결석을 한 적이 없었다. 학교 행사로 인한 수학여행이나 수련회를 제외하고는 결석 한 번 없었고, 숙제 한 번 거른 적이 없었던 정말 성실한 학생이었다.

제니의 이런 성실함에는 보상이 따를 수밖에 없었다. 중학교 3년 내내 총 12번 치렀던 영어 시험에서 1,200점 만점에 1,198점을 기록했다.

나는 영어가 재미있다

졸업 당시 전교에서 '영어 1등'이라는 영예도 받았다. 어렸을 때부터 기본기를 탄탄하게 다졌던 제니는 자신에게 딱 맞는 학습법을 찾았고, 거기에 꾸준하고도 성실한 자세로 임했던 것이 지속해서 긍정적인 결실을 내고 있었다.

고등학교 진학 후에는 학원에 다니거나 과외 수업을 받지 않았다. 제니만의 꾸준함과 성실함으로 자기 주도 학습을 실천했다. 그뿐 아니라 매사 적극적이었던 제니는 전교 학생회장을 하면서 다양한 활동을 실천했고, 본인이 원하는 대학에도 합격했다. 현재 서울에 있는 명문대학교 2학년에 재학 중인 자랑스러운 나의 제자 제니는 이제 동료이기도 하다. 여름 방학과 겨울 방학이면 우리 학원에서 아르바이트하고 있다. 자신처럼 열심히 영어 공부하는 후배들을 위해서 본인의 영어 공부 방법과 고등학교 시절 공부 전략 그리고 회장을 했던 경험과 수행평가, 교과세특에 관한 정보도 함께 이야기해 주면서 영어 선생님으로 아르바이트하고 있다.

제니는 존재감만으로도 많은 수강생에게 동기부여가 되고 있다. 영어를 잘하게 된 자신이 참 좋다고 말하는 제니는, 전공뿐만 아니라 국제학부를 부전공으로 선택해서 캐나다 교환학생이 되는 게 목표라고 했다.

오늘 걷지 않으면, 내일은 뛰어야 하는 게 인생이다. 오늘의 영어 공부를 어떤 이유에서든 내일로 미루게 된다면 오늘이야 당장은 한숨 돌리겠지만 당연히 내일이 되면 늘어난 분량 때문에 숨이 턱 막힐 수도 있다.

그러다 또 다음날로 미룰 수도 있다. 나와의 약속을 지키길 바란다. 영어 공부를 향한 나의 노력이 지금은 별것 아닌 것처럼 보일 수도 있겠지만 순간순간의 노력이, 그 성실함과 꾸준함이 분명 지긋지긋한 영어 고민으로부터 해방시켜 줄 날이 올 것이다. 한 방울 두 방울 내린 빗방울이 어느 순간 큰 바위에 구멍을 내거나 바위를 쪼갤 수도 있는 것처럼 말이다.

꽃은 다 다르게 핀다:
다름을 인정하고 수용하는 용기와 자세

이 세상 / 수많은 꽃 중에

네가 제일 / 예쁜 꽃이란다

수놓은 별보다 / 네가 더 빛나는

별이란다 / 아이야

너는 꿈을 품고 자라서

꽃이 되고 / 별이 되거라

- 강원석 〈아이에게〉 -

강원석 시인의 〈아이에게〉는 학생들에게 종종 읊어주는 시다. 꽃보다 예쁘고 별보다 더 빛나는 아이들. 그런 아이들이 영어의 장벽에 부딪혀 꿈이 손상되는 게 싫었다.

18년이라는 긴 시간 동안 아이들과 함께하면서 느낀 것 중 하나는 '우리는 모두가 다 다르다.'라는 것이다. 어떤 학생은 똑같이 배워도 속도가 느릴 수 있고, 또 어떤 학생은 그룹으로 진행하는 수업을 더 선호할 수도 있다. 그렇게 모든 아이가 다 같을 수는 없었다. 물론 그 아이들의 다름을 인정하고 수용하는 과정에서 엄청난 내공이 필요했다.

큰 눈이 초롱초롱한 아주 매력적인 8살의 줄리(Julie, 학원에서 사용하는 영어 이름)라는 친구가 찾아왔다. 어릴 때부터 영어에 관심이 많았던 줄리는 ABC를 익히고 파닉스를 공부하면서 점점 영어 실력이 좋아지자 영어 수업 시간을 기다렸고 매우 즐기면서 수업을 했다. 같은 반 친구들보다 눈에 띄게 참여도가 높았다. 학원에서 줄리를 모르는 사람이 없을 정도로 줄리는 영어를 좋아했다. 초등학교 5학년 때에는 교내 영어 대회 1등은 물론이고 '영어 골든벨 대회'에서도 1등을 할 정도로 실력도 인정받고 있었다. 하지만 어떤 계기가 있었는지 서서히 줄리가 변하기 시작했다.

수업에 빠지는 날들이 하루 이틀 늘기 시작했고, 숙제를 안 해오는 날도 점차 늘어났다. 어떤 날은 "책을 학교에 놓고 왔어요." "친구가 책을 가져갔어요." 등 그 이유도 다양해지면서 점점 수업에 불성실해지기 시작했다. 그러더니 6학년 말 영어 수업을 더 못한다고 말하고 줄리는 결국 학원에 오지 않았다. '사춘기가 와서 그런 걸까?' 항상 열정적이고 적극적인 아이였기 때문에 참 속상하고 안타까웠다. 줄리가 걱정이 되

나는 영어가 재미있다

어 가끔 안부 차 연락을 해 보면 친구들과 다른 학원에 다니고 있고, 인터넷 강의를 들으면서 혼자서 공부하고 있다고 했다.

그러던 줄리가 중학교 2학년이 되던 봄, 약 2년이 지나서 나를 다시 찾아왔다. 줄리 나름대로 영어 공부를 했다고는 하지만 간단한 테스트를 마치고 나니 속상함이 밀려왔다. 2년여가량 제대로 된 영어 학습이 있었다고는 볼 수 없는 실력이었다. 하지만 참으로 다행인 것은 과거 8살 때 줄리의 그 모습이 그대로 남아 있었다. 나를 바라보는 눈에서 영어 공부를 다시 잘해 보고 싶다는 에너지가 아주 강하게 느껴졌다.

줄리와 함께 아주 열심히 공부했다. 그냥 흘려보낸 2년의 세월이 '아깝다고, 너 그동안 왜 그랬냐고?' 단 한 번도 묻지 않았다. 그런 말할 시간에 한 단어라도, 한 문장이라도 더 공부할 수 있게 해주고 싶었다. 그런 나의 마음을 알았는지 줄리는 기본에 충실하며 잘 따라와 줬다. 중학교 기본 어휘를 다시 외우기 시작했고 기초 문법부터 체계적으로 공부했다.

줄리는 두 달 뒤 치러진 학교 기말고사에서 73점을 받았다. 사실 학습량에 비해서 성적이 더디게 오른 면이 있었다. 실망하는 줄리에게 "단지 보통 친구들보다 느리게 실력이 느는 것뿐이란다."라고 다독였다. 고맙게도 줄리는 포기하지 않고 꾸준히 나를 믿고 따라왔다. 그리고 3년이 지나 고등학교 2학년이 된 줄리는 모의고사 1등급, 내신 1등급을 자랑한다. 이미 학교에서 주는 성적 장학금을 영어 부문에서 1학년 때부터 받고 있고, 현재 영어 부장으로서 다른 친구들에게 영어를 가르쳐 주는 역할까지도 해내고 있다.

앞서 학습 방법에 대한 중요성을 언급했듯이, 줄리도 How와 목표 설정이 명확했기에 이런 결과가 가능했다. 그리고 다른 친구들보다 다소 느린 것을 '틀린' 게 아니라 '다른' 것이라고 인정하고 수용했기에 가능했던 일이었다.

본디 사람은 모두가 다 다르다. 가지고 있는 능력도 다르고 그 능력을 발산하는 속도도 다르다. 부모든 선생님이든 아이가 스스로 공부할 수 있을 때가 될 때까지 믿고 기다려 주는 것도 필요하다. 영어 공부라는 새로운 도전을 하는 어른들도 마찬가지다. 다른 사람들과 비교가 아닌 과거의 나, 어제보다 조금 더 성장하고 있는 나를 중심으로 자기 자신에 대한 확신을 해야 한다. 혹여라도 변화와 발전이 더디다고 실망하지 말고 자신을 기다려 주는 용기도 있어야 한다.

봄에 피지 않고 여름이나 겨울에 피는 꽃도 있다. 나의 아이가, 혹은 내가 봄이 아닌 여름이나 겨울에 피는 꽃일 수도 있다고 생각하면 마음이 조금 편해질 것이다. 다른 게 틀린 게 아님을 자각하고 스스로 꽃을 피워 낼 수 있도록 믿고 기다려 주면 어떨까? 말처럼 쉽지는 않겠지만 그래도 의식하면서 노력해 보자고 말하고 싶다.

나는 영어가 재미있다

Think, Think and then Create:
지식의 저주에서 벗어나기

학생들과 함께 'Snowball Game(스노우 볼 게임)'을 하던 날이었다. 이 게임은 내가 학창 시절 친구들과 자주 했던 놀이 중 하나이기도 하다. '시장에 가면 빵집이 있고'라고 한 사람이 말을 하면 이어서 그다음 사람이 '시장에 가면 빵집이 있고 정육점이 있고'라고 빵집과 정육점을 말하고 계속해서 뒷사람이 이어서 '시장에 가면, 빵집이 있고, 정육점이 있고, 옷가게가 있고…….' 이런 방법으로 새롭게 다른 키워드를 제시하면 되는 게임이다.

'동물원에 가면 호랑이가 있고', '동물원에 가면 호랑이가 있고, 기린이 있고', '동물원에 가면 호랑이가 있고, 기린이 있고, 원숭이가 있고…….' 이런 방법으로 하나의 주제를 두고 릴레이식으로 단어를 이어나가는 게임으로 대단한 집중력과 암기력을 요구한다.

이 게임을 영어 수업에 반영한 데에는 나름의 이유가 있었다. 과거형 수업을 할 때 상대적으로 힘들어하거나 진도 나가는 것이 어려운 아이들을 보면서 영어 동사의 과거형을 익히는 연습을 놀이 형식으로 하면 어떨까 해서 시작하게 되었다. 이 게임은 영어 동사형뿐만 아니라 영어 문장 연습을 하기에도 굉장히 유용하다.

어느날 과거형 수업을 하는데 몇몇 아이들이 어려워하는 게 보였다. 분위기를 전환하려고 이 게임을 시도했다. 주제는 일과를 말하는 것이었다. 어제 하루 동안 있었던 일을 아침에 일어나서 잠들기까지의 시간 순서대로 영어로 말하는 것이었다. 앞사람의 문장을 기억하고 있다가 그것을 먼저 말하고 난 뒤 자신의 일과를 말하는 방식이었다. 이렇게 일과를 영어로 말하는 형식은 게임을 몇 번만 해도 과거형과 더불어 일과에 나오는 영어 표현들을 자연스럽게 익힐 수 있다.

Sunny T: I got up at 7 o'clock.

A 군: I got up at…… um um…….

A 군이 "I got up at…… um um……."을 반복했다. '왜 망설이지? 어제의 일인데 당연히 기억해야 하는 거 아닌가?' 속으로 생각했지만, 겉으로는 크게 내색하지 않았다. 오히려 "당황하면 그럴 수 있어요. 자 다시 시작해보자."라고 했다.

Sunny T: I got up at 7 o'clock.

A 군: I got up at 7 o'clock. and then I ate break. Um um…….

또 막혔다. 학생들의 자리 배치에 변화를 두고 다시 시도했다.

Sunny T: I got up at 7 o'clock.

B 양: I got up at…….

A 군과 비슷하게 B 양 역시도 고개를 갸우뚱하다가 결국은 "선생님, 죄송해요. 기억이 안 나요."라고 말했다. 이번에도 게임 진행이 어려웠다. 새롭게 자리를 배치해서 학생들 순서에 변화를 두고 다시 게임을 시도했다. 상황은 크게 달라지지 않았다. 게임이 진행되고 있던 해당 반 아이들은 초등 5, 6학년의 고학년으로 구성되어 있었다. 학교 성적이 우수한 아이들이 제법 모여 있는 반이었으며 다양한 학원의 사교육을 빼곡한 일정으로 소화하는 아이들이 많이 모여 있는 그룹이기도 했다. 이 친구들은 대부분 영어 학습 기간이 3, 4년 정도이었으므로 순조롭게 진행되지 못하는 상황이 이해되지 않았다. 당연히 게임이 순조롭게 진행되리라 생각했고 아이들은 즐거워할 것이라고 예상했었다.

하지만 결과는 완전 정반대였다. 당연히 즐겁고 순조롭게 진행될 것이라는 예상은 완전히 나의 착각이었다. 처음에는 아이들의 영어 실력을 의심했다. 혹시나 해서 순서를 여러 차례 바꿔 보기도 한 것이다. 지난 18년간 이런 비슷한 게임은 수업 시간에 많이 활용해 왔었다. 하지만 단 한 번도 이렇게 게임을 시작조차 하지 못했던 적은 처음이었다. 무척 난처했고 실망감도 컸다.

"당연히 잘할 줄 알았는데, 다들 왜 이러는 거지? 설마, 단어가 생각 안 나는 거야?"

다소 답답한 마음에 결국 아이들에게 한마디를 하고 말았다. 잔뜩 미간을 찌푸리고 날을 바짝 세워서 말이다.

"무슨 게임인지 이해가 잘 안 가요."
"안 해 본 게임이라서 별로예요."
"처음 해봐서 어려워요."

돌아오는 아이들의 뜻밖의 대답에 '아차' 했다. 과거에 나도 즐겨했던 게임이었으니까 당연히 이 아이들도 즐거워할 것이라고 생각한다. 당연히 이 정도 학년에 이 정도의 수준이라면 게임이 잘 풀리겠지. 당연히, 당연히, 당연히……. 선생님의 입장에서만 보고 당연할 것으로 생각했던 나 자신이 무척이나 부끄럽고 원망스러웠다. '내가 알

　　　　　　　　　　　　　　나는 영어가 재미있다

면 저 사람도 당연히 알겠지.', '내가 이러하니까, 너도 이러할 거야.' 하는 섣부른 일반화와 지식의 저주에 빠져서는 안 되는 직업이기에 늘 아이들 입장에서 생각하고 행동하려고 노력했다고 자부했었다. 하지만 착각이었다. 방심했었다.

게임을 하는 과정에서 혹시라도 아이들에게 상처 주는 말을 하지는 않았는지 모든 순간을 다 되짚어보았다. 그러다가 의문이 생겼다. 아이들은 왜 이 게임을 순조롭게 받아들이지 못했던 것일까. 한 번도 들어보지 못해서, 아니면 모르는 문장들이라 게임 진행을 못 했을까? 아니었다. 내가 내린 결론은 자신에게도 의외였다. 아이들은 본인들의 일상생활이나 행동에 고민하지 않았다.

내가 몇 시에 일어나는지, 내가 몇 시에 밥을 먹고 학교에 가는지, 나는 왜 이 학원에 다니고 있는지, 나는 무엇을 하고 싶은지 등 아주 사소한 일상 관찰부터 자아를 향한 고민까지도 해 본 적이 없었다. 부모님이 짜준 계획대로 움직이고, 누군가가 시키는 대로만 행동하면 되기 때문에 본인들의 일상과 행동에 크게 생각할 필요성도 중요성도 알고 있지 못하는 것이었다.

생각하는 아이가 필요하고, 또 생각하는 아이여야 한다. 미래 역량을 얘기할 때 제일 먼저 나오는 말이 바로 "스티브 잡스처럼 창의적인 인재가 필요하다."라는 말이라고 한다. 우리 아이들의 창의력을 키우기 위한 제1 조건은 바로 'Think(생각)'이라고 말하고 싶다. 가뜩이나 스마트폰으로 인해 점점 생각하지 않고 고민하지 않고 사는 우리다. 좀 더 편하고 좀 더 쉽게 재미를 접하는 우리 아이들에게 가장 필요한 것은 나를 살피고 내 가족과 친구들을 관찰하며 나아가 우리나라와 자연 그리고 지구의 모습, 냄새, 소리 또는 변화들을 관심 있게 바라보고 관찰하며 생각하는 자세이다.

아이들에게 영어 공부를 해야 하는 이유를 가끔 물어본다. 처음에는 다양하고 개성 있는 대답들이 쏟아진다. 하지만 몇 번의 꼬리 질문을 이어서 해 보면 궁극적으로 나오는 답변은 크게 두 가지로 좁혀진다.

"엄마가 하래서요."
"좋은 대학에 가려고요."

곁에서 가이드를 잡아주는 것도 물론 필요하겠지만 부모가 정해준 일정과 계획에 그저 끌려다니는 아이로 키워서는 안 된다. 자신만의 이유가 있는 아이, 소신이 확실한 아이들이 어디서든 휘둘리지 않고 자기주장을 펼칠 수 있다. 보다 구체적이고 명확한 이유가 있는 아이가 결과도 좋은 편이다. 영어를 왜 공부해야 하는지 동기가 확실하면 그에 따른 목표 설정이 뚜렷해지고, 그런 만큼 영어 공부를 하다가 잠시 지치거나 주춤해도 일정 시간이 지나면 다시 일어나서 공부한다. 누가 시켜서 하는 공부가 아니므로 가능한 것이다.

선생님이 시키는 것만, 엄마가 하라는 것만 하는 게 아니라 자기 주도적인 학습을 할 수 있는 환경을 조성해주는 게 중요하다. 아이들 스스로가 생각하고 고민할 수 있게 질문을 던져주자. 스스로 답을 내리고 스스로 행동할 수 있게 믿어주는 게 필요하고 중요하다. 그리고 꼭 기억하자. 내가 당연히 여기는 것이 절대 당연하지 않을 수도 있다는 사실을 말이다.

Practice Makes Perfect:
연습, 또 연습

암묵적 지식(Tacit Knowledge)이라는 말이 있다. 학습과 체험을 통해서는 습득되지만, 겉으로 드러나지 않는 지식을 말한다. 영어는 골프, 피아노, 수영과 같은 암묵적 지식이라서 연습을 통해서 완성될 수 있다. 아무리 원리와 방법을 많이 알고 있다고 하더라도 충분한 시간을 투자해서 연습하지 않으면 절대로 정복할 수 없다. 영어 마스터를 위한 최소 임계량인 이천 시간을 투자하고 열심히 영어를 본인의 입으로 말을 해야 한다. 영어 실력을 좋게 하려면 이처럼 연습을 꼭 해야 한다. 제대로 된 방법으로 하루에 두 시간씩 삼 년, 세 시간씩이면 이 년, 네 시간씩 투자하면 일 년 반이라는 시간 안에 영어를 마스터할 수 있는 것이다. 하지만 현실적으로 어른들도 마찬가지겠지만, 아이들의 경우에는 영어 유치원이나 외국 유학을 가지 않는 한 이렇게 많은 시간을 영어에 투자하기란 거의

불가능에 가깝다.

그렇다면 한국에 있으면서 영어 실력이 좋아지려면 어떻게 해야 할까? 많은 사람은 이미 그 답을 알고 있다. 많이 듣고, 많이 말하며, 많이 써보고, 많이 읽어야 한다. 한마디로 연습만이 살길이다. 다시 말해서 이미 우리는 영어 잘하는 법을 알고 있으면서도 잘 하지 않았기 때문에 실력이 늘지 않았다. '교육의 목표는 앎이 아니라 행동'이라고 했다. 어느 분야든 마찬가지겠지만 영어라는 영역은 더욱더 내 눈과 귀, 입으로 직접 해 보는 행동력과 실천력이 필요하다.

제이크(Jake, 학원에서 사용하는 영어 이름)를 처음 만난 건 2010년이다. 제이크가 초등학교 4학년 때 처음으로 영어 공부를 하겠다면서 찾아왔다. 제이크의 형이 나와 영어 공부를 하고 있었기에 몇 번 제이크를 만난 적이 있었는데, 첫인상은 다소 수줍음을 타고 말수가 적은 학생의 이미지였다.

제이크는 6개월가량 나와 영어 수업을 하던 중 내가 출산으로 인해 중간에 휴직하게 되는 바람에 어쩔 수 없이 영어 수업을 쉬었다가 출산 이후 복직을 한 나와 다시 영어 공부를 이어갔다. 해가 바뀌어 5학년이 된 제이크는 여전히 수줍음이 많고 말하는 것을 무척 부끄러워했다. 어떻게 하면 제이크가 친구들 앞에서 말하는 것을 편하게 여길 수 있을까 고민했다. 일단 제이크를 관찰했다. 어떤 유형이며 어떤 기질을 가진 아이인지 파악한 뒤 일명 '제이크 말 트기 작전'에 돌입했다.

일단, '제이크 말 트기 작전' 중 첫 번째는 많이 듣게 하는 것이었다. 나와 수업을 하기 전에 20분 일찍 오는 미션을 부여한 뒤, CD 재생기를 듣게 했다. CD 재생기에서 나오는 영어를 듣고 난 뒤 따라 말하게 했다. 많이 들어야 하는 게 중요하지만, 포인트는 잘 듣게 하는 것이었다. 그래야만 잘 말할 수 있기 때문이다. 그리고 난 뒤 서서히 리딩 책이나 영어 원서를 공부할 때, 첫 챕터를 들으면서 열 번 입 밖으로 소리 내며 읽게 했다. 무조건 듣고 따라 하는 것이 아니라 CD 속도에 맞춰 동시에 읽도록 했다. 둘째 날은 첫 챕터 다섯 번, 두 번째 챕터 열 번을 듣고 읽게 했다. 그리고 셋째 날은 첫 챕터 다섯 번, 두 번째 챕터 다섯 번, 세 번째 챕터 열 번……. 이런 식으로 계속 늘려나가면서 듣고 소리내어 읽게 했다. 그렇게 '제이크 말 트기 작전'은 제이크가 중학교 졸업을 할 때까지 꼬박 오 년간 이어졌다. 이를 지켜본 동료 선생님들은 나에게 존경스럽다는 말까지 했다. 하지만 나는 오히려 제이크가 존경스럽고 기특했다.

오 년을 꼬박 일주일에 세 번씩 나를 믿고 따라와 준 제이크였다. 결국 '제이크 말 트기 작전'은 대성공이었다. 영어 말 문 트기는 물론이고 발표 불안 자체를 극복하기도 했다. 그리고 영어 공부를 하면서 영어 학습 습관을 바로잡았다. '제이크 말 트기 작전'의 마지막 목표는 '영어 자기 주도학습을 가능케 하라!'는 것이었다. 제이크 스스로 공부 계획을 잡고 혼자서도 충분히 영어 공부를 할 수 있게끔 밀착 코칭을 했다. 지금 생각해도 '제이크 말 트기 작전'은 그 과정도, 결과도 참으로 뿌듯하다.

제이크를 비롯한 같은 반의 아이들이 고등학교 입학을 앞두고 다 같이 밥을 먹는 축하의 자리를 갖게 되었다. 제이크네 반은 모두 남학생들이었는데 귀엽기만 했던 꼬마들이 그날따라 많이 커 보였다. 나보다도 훨씬 더 큰 덩치와 180cm가 넘는 키를 자랑했다. 밥을 먹지 않아도 뿌듯했다. 언제 이렇게 컸나. 흐뭇하게 지켜보는데 불쑥 무엇인가를 내미는 것이 아닌가. 쑥스러운 듯 내미는 케이크와 선물……. 녀석들이 깜짝 이벤트를 준비했다. 전혀 생각하지 못했기에 그만 눈물이 터져버렸다. 표현력 제로인 고등학생 남자애들의 마음이 담긴 이벤트에 펑펑 눈물이 쏟아졌다.

그렇게 나는 영어 학습 현장에서 무수히 많은 사람을 만났다. 그 많은 사람 중에서 영어를 좋아하고 잘하는 사람들의 특징 가운데 하나가 바로 행동력, 실천력 그리고 꾸준함이 바탕이 된 연습이었다. 어떤 공부든 간에 외우기가 가장 기본이다. 반복 학습이야말로 영어를 공부할 때 빠져서는 안 되는 가장 효율적이고 쉬운 방법이다. 외국 영화를 보면서 대사를 따라 하기, 영어 원서 한 권 읽고 외우기, 미국이나 영국 드라마를 반복해서 보고 대사를 직접 말로 따라 해 보기 등 이미 많은 사람이 기본적으로 영어 회화를 공부할 때 무엇이든 따라서 말하는 방법을 많이 쓰고 있다.

제2차 세계대전 당시 미군이 스파이를 양성하기 위하여 개발된 공부 방법으로 유명한 '청각 구두식 공부법'이 있다. 군인들에게 집중적으로 외국어를 훈련 시킨 방법인데 '군인 공부법(Army Method)'으로도 불린다. 바로 기존의 이런 따라 하기 반복 학습이 이와 비슷한 효과를 만들어 준다. 전쟁 상황에서 적군의 언어를 알아들으려면 적군이 많이 사용하는 어휘나 문형들을 집중적으로 연습하고 모방해야 했을 것이다. 그래서 군인들에게 6개월간 10시간씩 약 2,000시간을 듣고 말하는 훈련을 시켰더니 의사소통에 전혀 문제가 없었다고 한다. 이런 방법은 영어 공부 현장에서도 적절하게 사용되고 있다. 특히나 초급 단계에서는 발음을 강조하고 불필요한 어휘를 통제하여 오류 발생을 줄여나간다. 요컨대, 반복적인 연습으로 말하기와 듣기 능력은 향상된다.

어른도 아이도 마찬가지다. 영어 학원에서만 하는 것이 아니라 귀가 후 가정에서도 영어를 많이 듣고 말해야 한다. 거기서 끝내서도 안 된다. 연습하고 또 연습해서 학습량, 즉 임계량을 채워 주어야 한다.

인생을 살면서 그냥 버려지는 순간들은 없다고 한다. 당장은 귀찮기도 하고 힘들고 하기 싫어서 미루고 싶을 수 있다. 그러나 시간이 지나고 나면, 그 힘든 순간들을 이겨내고 공부하고 연습한 과정이 영어를 잘할 수 있게 만들어 줄 것이다. 세계 어디를 가더라도 본인의 생각을 자연스럽게 표현할 수 있는 사람이 될 수 있는 것이다. 영어 공부를, 영어 연습을 꾸준히 반복적으로 한다는 것은 참으로 매력적인 일임이 틀림없다.

나는 영어가 재미있다

나는 영어가 재미있다

해피써니 쌤의 저스트 어 모먼트(Just a Moment)!

퍼펙트 해피써니 쌤과 함께하는 일과 표현하기

01 I opened my eyes at 6:30.

(나는 6시 30분에 눈을 떴다.)

02 I got up at 7 o'clock.

(나는 7시에 일어났다.)

03 I stretched my arms and legs and rolled up my body and stepped out to the bathroom at 7:10.

(나는 7시 10분에 스트레칭을 했고 화장실로 발걸음을 옮겼다.)

04 I washed my face and brushed my teeth at 7:15.

(나는 7시 15분에 세수를 했고 이를 닦았다.)

05 I got back to my room and got dressed at 7:30.

(나는 7시 30분에 내 방으로 돌아와서 옷을 입었다.)

06 I had cooked rice, seaweed soup for breakfast at 8:00.

(나는 8시에 아침 식사로 밥과 미역국을 먹었다.)

07 I started to walk to school with my friend at 8:20.

(나는 8시 20분에 친구와 함께 학교에 걸어갔다.)

08 I got to school at 8:40.

(나는 8시 40분에 학교에 도착했다.)

09 My first lesson was math and it started at 9:00.

(나의 첫 수업은 수학이고 9시에 시작했다.)

10 I felt the math problem was so difficult so I asked my teacher about the problem.

(나는 수학 문제가 너무 어려워서 선생님께 질문했다.)

11 My teacher explained it very slowly and it was easy to understand.

(선생님께서 그 문제를 천천히 설명해 주셨고 이해하기에 쉬웠다.)

12 The math class finished at 9:40.

(수학 수업은 9시 40분에 끝났다.)

13 The other classes kept on till 12:00.

(12시까지 다른 수업이 계속 있었다.)

14 My lunchtime started at 12:00.

(점심 식사은 12시에 시작했다.)

15 My friends and I went out to the cafeteria and waited for lunch at 12:10.

(친구들과 나는 급식실에 갔고 12시 10분에 점심을 기다렸다.)

16 Finally we had school lunch and finished it at 12:40.

(마침내 우리는 점심을 먹었고 12시 40분에 다 먹었다.)

17 We came back to the classroom at 12:50.

(우리는 12시 50분에 교실로 돌아왔다.)

18 My last class was English and it started at 1:00.

(나의 마지막 수업은 영어이고 1시에 시작했다.)

19 All of my classes finished at 1:40.

(나의 모든 수업은 1시 40분에 끝났다.)

20 I walked back home with my friend who lives next door at 2:00.

(나는 2시에 옆집에 사는 친구와 함께 걸어서 집으로 왔다.)

퍼펙트 해피써니 쌤과 함께 배우는 빈도 높은 영어 표현 문장 20개

※ ① 다섯 번 읽고 외우기 → ② 내일 다시 다섯 번 읽고 외우기 →
　③ 그다음 날 다섯 번 읽고 외우기 → ④ 이후 한 달 뒤에 한 번 더 해 보기

01 How's it going?

(오늘 기분 어때요?)

02 How's the weather, today?

(오늘 날씨가 어때요?)

03 It smells good.

(그것은 좋은 냄새가 나요.)

04 You make me happy.

(당신은 나를 행복하게 만들어요.)

05 Regular exercise is good for your health.

(규칙적인 운동은 당신의 건강에 좋습니다.)

06 It is difficult for me to study math.

(나는 수학 공부하는 것이 어려워요.)

07 I'm looking forward to seeing BTS in person.

(나는 BTS를 직접 만나는 것을 기대하고 있어요.)

08 I'm ready to go.

(갈 준비가 됐어요.)

09 What did you do yesterday?

(어제 무엇을 했나요?)

10 I went to school yesterday.

(나는 어제 학교에 갔어요.)

11 Have you been to Canada before?

(당신은 캐나다에 가본 적이 있나요?)

12 Thank you for your help.

(도와줘서 고마워요.)

13 Let me know your address.

(당신의 주소를 알려 주세요.)

14 How many books do you have in your bag?

(당신의 가방에 몇 개의 책이 있나요?)

15 Which do you like, pizza or sandwich?

(당신은 피자 또는 샌드위치 중 어떤 것을 좋아하나요?)

16 There are 10 students in my classroom.

(우리 교실에는 10명의 학생이 있습니다.)

17 What do you want to do?

(당신은 무엇을 하길 원합니까?)

18 When do you go to bed?

(당신은 언제 잠자리에 듭니까?)

19 Where will you visit this summer?

(당신은 이번 여름에 어디를 방문할 예정입니까?)

20 Can you play the piano?

(당신은 피아노를 칠 수 있습니까?)

3장

막막한 영어가 술술 풀리게!

4가지 영역 도장 깨기

두 번 강조해도 부족한 듣기

스피킹의 절대 법칙 실천하기

영어의 꽃, 원서에 도전하기

어렵거나 귀찮지 않게 영작 습관 키우기

해피써니 쌤의 저스트 어 모먼트!

I am amused by English

The secret of your future is
hidden in your daily routine.

– Mike Murdock –

당신 미래의 비밀은
당신의 매일의 루틴에 숨어 있습니다.

– 마이크 머독 –

두 번 강조해도 부족한 듣기:
영어로부터 귀를 트게 하자

커뮤니케이션에 있어서 듣기는 매우 중요한 요소다. 잘 들어야 제대로 된 소통이 가능하기 때문이다. 마찬가지로 영어 공부에서도 듣기가 우선이다. 영어로부터 귀를 트게 하기 위해서는 무조건 들어야 한다. 사람들이 자주 묻는 질문 중 하나가 '영어 공부를 할 때 무엇부터 시작해야 하나요?'라는 질문이다. 듣기, 읽기, 말하기, 쓰기 등 영어 공부를 시작할 때 어떤 순서가 있는 것도 아니고 중요한 것도 아니다. 하지만 '영어를 한 번도 들어보지 못한 사람이 영어를 자연스럽게 말할 수 있다.'라고 하면 그건 아마도 거짓말일지도 모른다. 반복적이고 주기적인 영어 듣기를 해야만 말하기도 가능하다.

듣기는 누구나 할 수 있는 언어 습득의 방법이다. 우리는 누구나 듣고 들을 수 있다. 반복적인 듣기야말로 영어 학습에 있어서 빠져서는 안 되는 요소이다. 보통 우리나라 어린이는 1분당 50~60개의 단어를 이해하고 원어민은 1분당 135개의 단어를 이해하고 발화한다고 한다. 다시 말해 우리가 영어를 잘 듣고 이해하려면 무엇보다 '잘 듣는 연습'은 필수다. 하지만 그렇다고 해서 무조건 듣는다고 해서 영어가 잘 들리거나 영어 듣기 실력이 향상되는 것은 아니다. 여기서 가장 중요한 것은 아이의 영어 수준에 맞는 영어 듣기 자극이 필요하고 중요하다는 것이다. 재미있어야 하고 아이에게 유의미한 입력이야말로 최고의 듣기 인풋(Input, 입력)이다. 만약 아이의 영어 수준을 고려하지 않고 듣기를 계속하는 것은 아무 의미가 없고 효과도 없음을 명심하자. 오히려 소음이 될 수도 있고, 이는 영어에 대한 호기심은커녕 반감을 살 수도 있다.

영어 듣기와 소리에 꾸준한 노출이 많아질수록 우리가 외국어 학습을 할 때 가장 필요한 '인풋'도 많아지는 것이라고 보면 되겠다. 우리가 태어나서 말을 하는 과정을 생각해 보면 이해가 빠르다. 수천 번, 수만 번 들었던 단어나 문장이 자연스럽게 습득되어 어느 순간 말을 할 수 있게 되는 것처럼 영어도 반복적으로 계속 듣게 되면 자연스럽게 습득되는 것이다. 결과적으로는 모국어처럼 사용하게 되는 경지에 이르게 된다.

읽기를 먼저 해도 좋고 말하기를 먼저 해도 좋다. 다만, 듣기가 함께 병행되지 않으면 영어 실력이 잘 늘지 않고 단어의 발음이나 억양을 익히는데, 어려움을 겪게 된다는 것을 잊어서는 안 된다. 만약 2~3살 아이에게 영어로 말을 해주거나 일상생활 속에서 한국어와 영어의 사용이 자연스럽고 편하다면 아이가 이중언어로서 영어 습득을 하기에 아주 좋은 여건이 된다.

하지만 평범한 대한민국 부모님에게 말처럼 쉬운 일이 아니란 걸 잘 알고 있다. 그렇기에 영어 소리가 절대 낯선 말이 아닌, 익숙하고 친근한 언어가 될 수 있도록 자주 접하게 해줘야 한다. 집안에서 또는 학원에서 영어 소리를 의도적으로 많이 노출했을 때, 그렇지 않았을 때보다 영어 실력이 빠르게 늘 수 있다.

최근 가장 쉬운 방법은 스마트폰으로 앱이나 유튜브 등을 활용한 듣기 훈련이다. 그냥 듣기만 하는 것보다는 영상 클립을 사용하는 것이 더 효과적이다. 그렇다고 무턱대고 마냥 시청하는 게 아니라 일정한 시간을 정해두고 학습하는 것을 권장한다. 하루에 한 시간가량이 적합하다.

스피킹의 절대 법칙 실천하기:
모방 x 연습 x 변형 & 확장

말을 잘하려면 말을 많이 하고 많이 연습하면 된다. 하지만 무조건 말을 한다고 해서 말을 잘하거나 말하는 능력이 향상되는 것은 아니다. 말을 잘하려면 첫째로, 말을 잘하는 사람들의 스피치, 즉 연설을 많이 듣고 따라 해야 한다. 유명한 강연가들이 스피치를 할 때 시작은 어떻게 하고 끝 맺음은 어떤 식으로 마무리하는지 많이 보고 익혀야 한다. 영어를 배울 때도 마찬가지다. 닮고 싶은 원어민이나 영어 선생님의 영상이나 소리를 많이 듣고 따라 하면서 꾸준히 반복 연습하면 된다. 다음과 같이 총 4단계에 걸쳐 연습해 보자.

01 제1 법칙: 한 단어나 단답형으로 답하지 않고 완벽한 문장으로 말하고 답하면서 연습하기

나는 영어가 재미있다

02 제2 법칙: 하루에 한 문장 또는 세 문장이라도 무조건 외우기

03 제3 법칙: 원어민 선생님과 수업하기 전에 미리 연습하고 반복 학습을 통해서 문장을 완벽하게 숙지하기(영어 공부를 시작하는 단계에서는 원어민과의 수업을 크게 추천하지 않는다.)

04 제4 법칙: 닮고 싶은 영어 롤모델을 선택하고 따라 하면서 연습하기

말을 한다는 것은 말하기 규칙을 익힌다는 것이다. 처음에는 단어를 말하고 그다음에는 단어 몇 개로 말을 하기 시작한다. 영어 학습 기간이 짧거나 아직 영어 실력이 좋지 않은 경우에도 충분히 말하기의 규칙을 외워서 말할 수 있다.

누구라도 맨 처음부터 유창하게 영어로 말을 할 수는 없다. 처음에는 영어 문장을 외우고 외운 문장을 상황에 맞게 사용하는 것이다. 한때 유행했던 '통문장 암기'가 바로 말하기의 가장 기초적인 힌트가 된다. 학생들과 수업할 때, 코스북이나 리딩 책 또는 영어 원서에 있는 문장을 암기하게 하고 한글로 된 문장을 영어로 동시통역을 하게 한다. 이렇게 기본적인 영어 말하기 훈련은 학생들이 영어 말하기가 생각보다 어렵거나 무서운 것이 아니라는 자신감을 줄 수 있다. 현장에서 아이들과 함께했던 말하기 수업 중, 눈에 띄게 효과가 뛰어났던 프로그램들이 몇 개 있다.

Action English (행동으로 영어 익히기)

'전신반응법(TPR, Total Physical Response, 1965에 캘리포니아 주립대 애셔[Asher] 교수가 주장한 것으로 육체적 활동과 언어를 연관 짓는 교수법) 활동'이라고 불리는 고전적인 영어 학습법이다. 전신반응의 원리는 '듣고 반응하기(Listening and Doing)' 활동을 활용한 영어 학습이다. 현재 수업 시간에 아이들과 많이 하는 학습 활동 중 하나이기도 하다.

선생님과 부모님 또는 또래 친구가 영어로 말하는 것을 듣고 행동으로 옮기면 된다. 특히 또래 친구들이 하는 말을 듣고 몸으로 표현하는 것을 아이들은 가장 재미있어한다. 친근하면서도 재미있게 영어 말하기를 습득하며, 많은 영어 단어를 익힐 수가 있는 게 특징이다. 특히 동사를 익힐 때 효과적인 방법인데, 동사뿐만 아니라 다양한 패턴도 익힐 수 있다.

이 학습법을 활용해서 아이들과 함께 놀이처럼 공부하면 영어에 대한 부담감은 줄어들고 흥미는 커지게 된다. 짧은 단어와 문장이지만 영어 공부를 놀이처럼 재미있게 즐기면서 할 수 있으므로 아이들의 선호도가 매우 높은 편이다. 그뿐만 아니라 많은 단어와 문장도 익힐 수 있다. 하루에 5개, 일주일에 30개, 육 개월이면 500개……. 꼭 하루에 다섯 개가 아니더라도 아이들과 몸동작으로 영어를 말하고 표현하면서 영어를 익히면 단순히 책상에 앉아 공부하는 것보다 오래 기억할 수 있다. 무엇보다도 온몸으로 익힌 것이기 때문에 장기 기억으로 연결하기가 쉽다. 재미있는데 효과까지 좋은 'Action English'를 강력히 추천한다.

Add stars on your sentence (문장에 별 늘리기)

단어를 익히고 문장을 말하기 시작하면 신세계를 만난 듯한 기쁨을 느낄 수 있다. 단어의 양이 300개 이상 늘고 또 말할 수 있는 문장이 100개 이상이 된다면, 영어 초급은 뛰어넘은 것이다. 이제부터는 문장을 변형하고 확장하면서 영어 실력을 더 향상시키면 된다.

예를 들어, 'I eat.'이라는 가장 기본이 되는 문장으로 시작해서 확장과 변형을 통해 영어 문장을 확장하고 더 길게 말을 하는 것이다. 가장 쉬우면서도 효과적인 영어 말하기 방법이다.

★ I eat.

(나는 먹는다.)

★★ I eat pizza.

(나는 피자를 먹는다.)

★★★ I eat pizza with Teddy.

(나는 테디와 함께 피자를 먹는다.)

★★★★ I eat pizza with Teddy at home.

(나는 테디와 함께 집에서 피자를 먹는다.)

★★★★★ I eat pizza with Teddy at home after school.

(나는 테디와 함께 방과후에 집에서 피자를 먹는다.)

★ She goes.

(그녀는 간다.)

★★ She goes to school.

(그녀는 학교에 간다.)

★★★ She goes to school on foot.

(그녀는 걸어서 학교에 간다.)

★★★★ She goes to school on foot at 8 o'clock.

(그녀는 8시에 걸어서 학교에 간다.)

★★★★★ She goes to school on foot at 8 o'clock every day.

(그녀는 매일 8시에 걸어서 학교에 간다.)

영어의 꽃, 원서에 도전하기:
영어 글쓰기 최고의 밑거름

영어책 읽기는 '인풋'이 다양하게 가능하고 많은 정보를 얻을 수 있어서 배경 지식 향상에도 크게 도움이 된다. 단순하게 단어만 외우고 따라 하는 수동적인 영어 학습이 아니라 사회, 과학, 지리, 수학 등 학교에서 배우는 교과목 이외에도 직접 체험할 수 없는 부분까지 많은 정보를 제공해 준다. 당연히 앎의 즐거움을 차곡차곡 채워 나갈 수도 있게 된다.

'교육의 목적은 앎이 아니라 행동'이라고 했다. 앎의 즐거움이 영어책 읽기라는 행동을 통해 이루어진다면 글을 보는 능력과 글을 분석하고 요약할 수 있는 능력을 키울 수 있게 될 것이다. 결국엔 글을 쓸 때도 최고의 밑거름이 되어서 영어 글쓰기에 매우 긍정적인 영향을 주게 된다. 서술형 영어 논술에도 흔들리지 않는 영어 실력을 기르고 싶다면 영어책 읽기부터 시작해야 한다. 빠를수록 좋다. 그리고 중학교를 졸업

할 때까지 다양한 분야의 책을 많이 읽고 접하길 바란다. 이 과정을 거친 학생들은 교육 과정이 아무리 바뀐다고 하더라도, 흔들리지 않는 리딩 실력, 즉 영어 실력을 만들 수 있다.

금요일이 되면 우리 학원의 아이들은 자연스럽게 책꽂이에 가서 영어책을 가지고 온다. 오래전부터 우리 학원에서는 '금요 자율 독서 시간'을 운영하고 있다. 매주 금요일마다 영어 원서를 읽는 시간을 공식적으로 정해 아이들이 영어책을 읽게 하는 것인데, 아이들의 반응이 아주 좋다. 그래서 수년이 지난 지금까지도 유지하고 있는 프로그램이다.

사실 영어 학습서나 단어, 문법책들을 공부하는 학생으로서는 마음 편하게 영어책을 읽을 여유가 없다. 그렇다고 집에서 스스로 영어책을 읽는다는 것은 강한 의지와 책을 좋아하는 마음이 없다면 매우 힘든 일이다. 그 때문에 공식적으로 원서를 볼 수 있는 시간을 주는 것이다.

영어책 읽기에서 가장 중요한 것은 아이에게 맞는 책을 고르는 일이다. 또한, 영어책 읽기를 꾸준하게 하는 습관을 기르는 것이다. 이 두 가지가 가장 기본이면서 제일 어려운 일이기도 하다. 아이와 함께 계획을 세워서 짧게는 10권 읽기, 30권 읽기, 50권 읽기, 100권 읽기 등의 목표를 세우고 책 읽기를 체계적으로 꾸준히 실천해 나가는 것을 추천한다.

영어책을 읽을 때는 책에 나와 있는 단어 하나하나의 의미보다 책의 내용을 이해하는 책 읽기 자체가 더 중요하다. 영어책을 읽는 목적은 영어 실력 향상도 있지만, 영어책을 좋아하게 해줌과 동시에 영어책 읽기 자체를 즐길 수 있게 해주는 것이다. 지나치게 단어나 해석에 집중하다 보면 올바른 읽기 학습의 효과가 떨어지고 책 읽기가 재미없어져서 영어책 읽기를 싫어하게 될 수도 있다.

단어는 책의 내용을 이해하는 데 꼭 필요한 단어들만 알고 넘어가도 충분하다. 간혹 학부모로부터 "영어 그림책을 읽어 줄 때 해석을 해야 하나요?"라는 질문을 받기도 하는데 책 읽는 데 방해가 되지 않는 선에서는 해석하지 않는 것을 원칙으로 하는 걸 권장한다. 그림책을 읽을 때 굳이 글을 읽지 않더라도 그림만으로 충분히 이해가 가고 감동을 하는 것처럼 영어 그림책도 마찬가지다. 굳이 해석하지 않아도 생생한 그림과 정황만으로 충분히 내용을 유추하고 이해할 수 있다. 아이가 너무 궁금하다고 하면 그때 알려줘도 충분하다.

영어책 읽기에 습관을 들여보자. 하루에 4권, 한 달이면 약 100권, 일 년이면 약 1,000권을 읽을 수 있다. '영어책 1,000권을 읽었다.'라는 상징성도 있지만 일 년이라는 기간 동안 아이와 함께한 추억들, 슬픈 책을 보면서 눈물 흘렸던 순간들, 재미있는 장면을 보고 함께 웃었던 순간들 등 모든 시간이 고이 쌓여 소중한 추억이 된다.

학부모 상담 중 자주 듣게 되는 고민 중 하나가 있다. "아이가 자꾸 읽었던 책을 또 봐요. 다른 책을 손에 쥐여 줘도 봤던 책만 봐요." 이 책을 읽는 독자 중에도 같은 고민을 하시는 분이 계실 수도 있다. 하지만 결론부터 말하자면 절대 고민거리가 아니다. 아이가 많은 책 중에서도 유난히 하나의 책을 읽고 또 읽는 책이 있다. 많이 읽어서 그 책의 내용을 모두 이해하고 즐기는 경험을 하게 되는 것이다. 이런 책을 '홈런 북(Homerun Book)'이라고 한다. 우리 아이가 홈런 북을 많이 경험할수록 아이는 성취감을 느끼고 자존감이 높아진다. 그리고 이렇게 자란 아이들은 도전을 두려워하지 않고 단단한 아이로 성장하게 된다. 우리 아이들에게 홈런 북을 많이 경험하게 하자.

자녀가 6세에서 9세 사이라면 지금 당장 영어책 읽기를 아이와 함께 실천해 보라고 말해주고 싶다. 1달 후, 6개월 후, 1년 후 아이는 영어 실력뿐만 아니라 부모와의 애착 관계도 매우 긍정적으로 형성될 것이다. 영어책 읽기의 황금기라는 6세에서 9세까지의 시기를 절대 놓치지 않았으면 한다.

영어책을 고르는 일은 과일 가게에서 탐스럽고 먹음직스러운 과일을 고르는 일과는 사뭇 다르다. 서점에 진열된 무수히 많은 영어책 중에서 우리는 많은 고민을 한다. 책을 고를 때는 유행에 따르기보다 아이의 수준과 관심사 등을 고려하면 좋다. 무엇보다 아이와 함께 서점에 가서 책을 구경하면서 같이 고르는 것이 가장 좋다. 20년 가까이 학생과 부모님 그리고 영어 학원 선생님들에게 좋은 영어책을 고르는 팁을 알려줘 왔는데 그 내용은 생각보다 간단하고 또 기본적이다.

영어책 잘 고르는 팁

01 아이도 좋아하고 엄마도 좋아하는 책을 고른다. 아이는 물론이고 읽어 주는 엄마나 아빠가 좋아하는 책을 골라야 한다.

02 너무 어려운 책은 피하는 것이 좋다. 아이의 성장과 인지 발달 과정에 맞춰 실생활에서 경험할 수 있는 이야기가 있는 책이 좋다. 함께 이야기를 나누며 영어 실력을 향상할 수 있다.

03 손가락 비법을 이용한다. 한 페이지에 모르는 단어가 손가락 다섯 개 이상 넘어가면 우리 아이의 영어 실력에 맞지 않는 책이라는 사실을 잊지 말자.

04 평소에 관심이 있는 작가, 주제, 아이가 흥미 있는 분야의 책을 찾아 체크해서 책을 고른다.

05 집 근처의 도서관이나 영어 서점 또는 인터넷 서점을 이용해서 많은 책을 접하며 아이의 영어 수준이나 흥미에 맞는 책을 고른다. 책을 제대로 골라야 아이가 책 읽는 것을 즐거워한다.

나이별 영어책 고르기와 독서 시 참고 사항

▶ 0~7세 [표제어(Headwords) **100 미만**]

단어의 의미나 책의 내용보다는 그림의 생동감과 그림의 화려한 색감과 표현에 집중해서 읽어야 하는 시기다. 이 시기의 아이들에게는 재미있고 즐거운 그림책이 좋다. 정확한 발음이나 완벽하게 이해하려고 책을 읽기보다는 영어를 친근하게 받아들이고, 영어 그림책 자체의 재미와 흥미에 초점을 맞추어서 읽어야 한다.

책을 고를 때에는 아이에게 직접 고르게 하고, 만약 부모님이나 선생님이 골라 준다면, 세계적으로 많이 읽히는 그림책이나 유명한 작가의 책을 고르는 것을 추천한다. 나이가 어린 아이일수록 집중 시간이 짧으므로 영어 그림책을 읽을 때도 아이의 흥미를 자극할 수 있는 그림, 노래, 챈트, 동영상이 함께 있는 그림책이 더 많은 도움이 된다.

추천 그림책

* Brown bear, Brown bear, What do you see? (by Bill Martin, Jr.)

* The Very Hungry Caterpillar (by Eric Carle)

* Love You Forever (by Robert N. Munsch)

* Goodnight Moon (by Margaret Wise)

* Lunch (by Denise Fleming)

* Handa's Surprise (by Eileen Browne)

* My Dad (by Anthony Browne)

* My Mum (by Anthony Browne)

* Seven Blind Mice (by Ed Young)

* I like Me! (by Nancy Carlson)

나는 영어가 재미있다

▶ 초등 저학년 [표제어(Headwords) 500 미만]

이 시기의 아이에게는 유아기에 읽었던 그림책보다는 내용이 조금 더 심화 있고 단어의 양이 많은 그림책이나 일정한 패턴의 문장이 반복되는 리더스를 추천한다. 아직은 아는 영어 단어의 수가 많지는 않지만, 파닉스와 사이트 워드를 익혔고 영어 그림책이나 영어 노래, 영어 챈트 또는 영어 영상물에 어느 정도 노출이 되어있는 시기이다. 리더스 북은 다양한 읽기의 기초를 쌓는 데 도움이 된다.

이 시기에는 픽션(Fiction)뿐만 아니라 배경 지식을 쌓아주는 논픽션(Non-fiction) 리더스도 접해 주면 좋다. 다양한 주제와 종류의 리더스는 아이들에게 스스로 흥미 있는 분야를 찾게 해주고 관심 있는 분야의 책들을 몰입해서 읽게 해주는 데도 도움이 된다. 영어를 공부하면서 배경 지식 쌓기는 무엇보다도 중요하다. 리더스를 읽은 후에는 읽은 내용에 대해서 다양한 형식의 북 리포트(Book Report)도 작성하고 리뷰도 하면서 한 번 더 읽은 내용을 익히면 좋다. 그리고 한 분야에 치우친 독서 편식이 아닌 다양한 종류의 책을 읽을 수 있도록 해야 한다.

추천 영어 리더스

* Biscuit 시리즈 (by Alyssa Satin Capucilli)
* Elephant and Piggie 시리즈 (by Mo Willems)
* Fly Guy 시리즈 (by Tedd Arnold)
* Pete the cat 시리즈 / * Step into reading 시리즈
* I can read 시리즈 / * An I can Read Book 시리즈
* Scholastic Reader 시리즈 / * Froggy 시리즈 (by Jonathan London)
* Henry and Mudge 시리즈 (by Cynthia Rylant)

▶ 초등 고학년 [표제어(Headwords) 1,000 미만]

영어 말하기나 쓰기에 사용하는 문법도 익혔기 때문에 그림책이나 리더스북보다는 한 단계 끌어올려서 아이들이 좋아하는 주제의 챕터북 읽기를 권한다. 이제 책 읽기에도 어느 정도 익숙하고 영어 단어도 초등 필수 800단어 정도는 인지하는 시기이다. 챕터북은 리더스북보다는 글이 많고 내용이 길지만, 영어책의 진짜 재미를 알게 되고 더 높은 수준의 책 읽기를 하기 위한 발판으로 도움이 된다.

판타지, 코믹, 추리, 모험 등 다양한 주제를 접하며 책 읽기의 스펙트럼을 넓힐 수 있다. 지금까지 읽었던 논픽션(Non-fiction)보다 어휘나 구조가 복잡하고 어려운 글들을 읽음으로써 뉴베리상(Newbery Awards)을 받은 동화책이나 청소년 영어 소설을 읽어도 좋다. 영미권 독자를 대상으로 한 소설이지만 이 시기의 아이들에게 같은 호기심과 관심사를 주기 때문에 꾸준하게 영어 원서를 읽은 아이라면 누구나 읽을 수 있을 것이다.

추천 영어 챕터북

* Nate the Great
* Dog Man 시리즈 (by Dav Pilkey)
* Magic Tree House
* Horrid Henry 시리즈 (by Francesca Simon)
* Dragon Maters 시리즈 (by Tracey West)
* Diary of a Wimpy Kid 시리즈 (by Jeff Kinney)
* How to train your dragon 시리즈 (by Gressida Cowell)
* Roald Dahl 시리즈

어렵거나 귀찮지 않게
영작 습관 키우기

학생들이 자주 이렇게 말한다.

"한글 일기도 다섯 줄 이상 잘 못쓰는데 어떻게 영어로 일기를 쓰란
말인가요?"

하지만 한글로 글을 쓰던, 영어로 글을 쓰던 언어 실력 향상에 있어
서 깨지지 않는 절대 법칙은 바로 '많이 쓴다.'이다. 영어는 많이 써봐야
잘 쓴다.

모든 학습의 기본은 '쓰기'이다. 자기 생각을 얼마나 잘 표현하느냐
가 곧 쓰기를 좌우한다. 쓰기는 문자화된 기호로 자기 생각과 의사를
체계적으로 전달하는 것이다. 글은 말보다 생각하고 쓸 수 있는 시간적

여유가 있으므로 많이 생각하고 계획적으로 접근하면 잘 쓸 수 있다. 다시 한번 강조하지만, 분명히 영어를 많이 써야 영어를 잘 쓸 수 있다는 사실을 명심하자.

영어 쓰기를 잘할 수 있는 다섯 가지 방법을 소개한다.

1. 필사하기

다른 사람들의 글을 많이 따라 써 보면, 표현력도 좋아지고 어휘력도 좋아진다. 무조건 시작은 필사다. 《해리포터(Harry Potter)》 시리즈, 《매직 스쿨버스(The Magic School Bus)》, 《찰리와 초콜릿 공장(Charlie And The Chocolate Factory)》 등 필사하기에 좋은 작품들이 많이 있다. 자기가 좋아하는 책을 골라서 하루에 한 페이지 또는 하루에 10줄, 이런 식으로 필사를 해 보길 추천한다. 본인도 모르는 사이에 영어 단어와 표현력 그리고 매끄러운 영어 글쓰기 실력까지 덤으로 얻을 수 있게 된다.

영어 글쓰기란 알파벳 쓰기부터 시작된다. 그래서 영어를 처음 시작하는 아이들이라도 영어 노트를 사서 영어 노트에 알파벳도 쓰고, 영어 단어도 쓰고, 파닉스 책이나 읽고 있는 영어책을 노트에 따라 쓰기를 한다. 그 과정에서 자연스레 영어 글쓰기가 익숙해진다. 필사란 우리가 할 수 있는 가장 쉽고도 효율적인 글쓰기의 시작이 아닐까 싶다.

The giver - Lois Lowry

page - 35

The area of dwellings behind him, Jonas rode past the community structures, hoping to spot Asher's bicycle parked beside one of the small factories or office buildings. He passed the childcare center where Lily stayed after school, and the play areas surrounding it. He rode through the central plaza and the large Auditorium where public meetings were held. Jonas slowed and looked at the nametags on the bicycles lined up outside the Nurturing Center. Then he checked those outside Food distribution; it was always fun to help with the deliveries, and he hoped he would find his friend there so that they could go together on the daily rounds, carrying the cartons of supplies into the dwellings of the community. But he finally found Asher's bicycle - leaning, as usual, instead of upright in its port, as it should have been - at the House of the Old.

There was only one other child's bicycle there, that of a female Eleven named Fiona. Jonas liked Fiona. She was a good student, quiet and polite, but she had a sense of fun as well, and it didn't surprise him that she was working with Asher to-day. He parked his bicycle neatly in the port beside theirs and entered the building.

"Hello, Jonas," the attendant at the front desk said. She handed him the sign-up sheet and stamped her own official seal beside his signature. All of his volunteer hours would be care - fully tabulated at the Hall of Open Records.

[*The Giver*의 일부를 필사한 예]

2. 한 단어 바꿔서 따라 쓰기[패턴 쓰기]

말 그대로 주어진 텍스트나 패턴에서 아이 스스로 쓰기를 할 수 있게 끔 유도하는 것이다. 단어 하나 또는 두 개 정도만 바꾸어서 쓰면 된다. 영어 시작한 지 일주일, 한 달이면 누구나 할 수 있는 글쓰기 활동이다. 처음에는 단어 하나 또는 타깃 단어들을 바꾸어서 쓰기 활동을 하지만 연습을 하고 많이 쓰다 보면 문장을 바꾸어 쓰거나 문장을 첨가해서 쓸 수도 있다. 발명의 시작은 모방이라고 했다. 영어 글쓰기도 마찬가지다. 잘 쓴 글을 많이 읽고 따라 쓰면서 그리고 변형하면서 본인의 영어 쓰기 실력을 향상할 수 있다.

[한 단어 바꿔서 따라 쓰기 (예 1)]

나는 영어가 재미있다

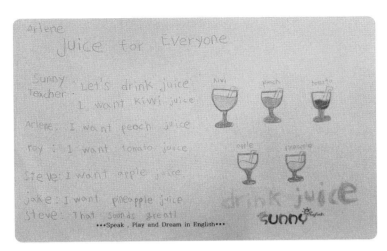

[한 단어 바꿔서 따라 쓰기 (예 2)]

[한 단어 바꿔서 따라 쓰기 (예 3)]

3. 영어 일기 쓰기

영어를 시작한 지 일 년 또는 일 년 반 정도 지난 친구라면 영어 일기 쓰기를 시작하길 권장한다. 영어 단어 300개, 영어 패턴 100개 정도 익혔다면 이제 영어 일기 쓰기를 위한 재료는 충분하다고 볼 수 있다. 요리할 때와 마찬가지로 재료가 풍부해야 더 맛있고 다양한 요리를 완성할 수 있듯이 영어 일기도 마찬가지다. 단어와 많은 문장을 알면 영어로 글을 쓸 때도 더 멋지고 자연스러운 문장이 나올 수 있다.

처음에는 영어 일기 쓰기 자체만으로도 많은 칭찬과 격려가 필요하다. 문법의 어색함을 지적하거나 고쳐 주기보다는 영어 일기 쓰기를 즐길 수 있도록 많은 칭찬을 해주자. 무엇보다 조금이라도 꾸준하게 영어 일기를 쓰는 것, 영어 일기를 쓰고 있다는 그 자체가 중요한 것이다.

TITLE: Gwanggyo lake
Name : Ryan
Date : ²/₁₄

I went to Yongin. I visited my dad's house.
I'm sleeping in one room. Room is narrow,
not big.
Sunday, We went to Gwanggyo lake.
We rode a bike. I played with my
cousins. We walked Gwanggyo lake.
We went to restaurant. We ate fish and
pork. It tasted so good. It is time to
go to chengjoo, Good bye!

[영어 일기 쓰기 (예 1)]

나는 영어가 재미있다

Korean New Year's Day

Elsa 2020.2.5

Janaury 25th was Korean New year's Day. Koreans call this day "Seollal". They get vacation before and after "Seollal". Most people visit their parents or grandparents. Then, they get or give some presents and pocket money. Also, people eat "떡국" because they believe If they eat "떡국", they get one age.

First day of Seollal vacation, my family went "G-well city mall". This day was my mother's birthday, so we didn't visit my grandparents. I bought my mom a pretty skirt, and my father bought one pair of ear ring. We ate '찜닭' for lunch. It was delicious.

Next, we went to the coffee shop and bought a cup of coffee and smoothie with some cookies. I liked them because the strawberries were put in my smoothie.

Then, we went to the amusement arcade. We did many games and piled up the great memories.

On Seollal, I visited my grandparents house. I got pocket money from my uncles, aunts and grandparents. Last year, I graduated from my elementry school, so I got much money than last Seollal.

Last day of Seollal vacation, I ate dinner with my all mother's families who live in Cheong-ju or near here. I have three baby cousins, and a year younger cousin. The babies were very cute. And other cousins was fun.

This "Seollal" was very exciting and good. I love "Seollal"!

[영어 일기 쓰기 (예 2)]

My diary : write for 2 days

May 17th, Monday
Tomorrow is my birthday! But I am not very excited because my friends forgot my birthday and my friends want me to tell them What I want to get for birthday present. I don't want to give me presents so I said them "When I come to school then you sing a birthday song aloud." I think many friends forgot my birthday so it will be boring.

May 18th,
Today is my birthday! 7am. my friends sent me a message like "Happy birthday Min jeong!" Recently I don't use katao talk a lot but today many friends send me first! I think they don't forget my birthday. When I arrive school. my friends sing a birthday song aloud. And they give me a present. I think it is not boring.

[영어 일기 쓰기 (예 3)]

4. 3줄 영어 메모하기

영어로 글을 쓸 때 쓰는 양이 많아야 한다는 부담감을 버려야 한다. 그리 중요하지도 않다. 학생들에게 내주는 자유 숙제 중 하나는 〈3줄 영어 메모하기〉이다. 잠자기 전 또는 아침에 일과를 시작하기 전에 자투리 시간을 이용해서 〈3줄 영어 메모하기〉를 하는 습관을 들여 보라고 조언한다. 필수 숙제는 아니지만, 선택적으로 이 숙제를 꾸준히 이어

나는 영어가 재미있다

온 학생들은 확실히 도움이 되었다고 말한다. 영작을 할 때는 매우 잘 쓰고 또 문법이 완벽해야만 하는 것이 아님을 꼭 기억했으면 한다. 일단, 먼저 쓰는 것에 익숙해질 필요가 있으므로 이처럼 하루 메모 3줄 쓰기 등과 같이 간단한 방법도 활용해 보길 바란다.

2021.12.24

Today was my best friend's birthday. and it is also Christmas Eve.
As soon as I woke up, I sent a text to my friend.
She said it was the first message to celebrate her.
Actully, I planned to gather with my friends, but it canceled
because of COVID-19. I wish it disappear soon.

2021.12.25

It's Christmas!! But I didn't have plane with my family and friends.
So I was lying since noon. Then my mom told me to go out and
play. I called to friend right away. She didn't have plan, too.
We met and had 마라탕. Some times no schedule day is so much
fun.

[3줄 영어 메모하기 (예 1)]

2021.12.27

I went super market with my mom. Mom went me to pick me up
after Math class. Our hands were filled with shopping. After shopping
We walked home. There was a deep sunset. With my mom,
It was a more beautiful day.

2021.12.29

Today I saw drama called 'Just a loving relationship.'
I was watching all episodes on a clip. It was very touching.
I want to watch the entire drama.

[3줄 영어 메모하기 (예 2)]

2021 . 8 . 17 . **Feelings:**

Topic: I think time is very fast these days because I begin school next week! I finished reading my favorite book tonight. I recommend this book.

2021 . 8 . 18 . **Feelings:**

Topic: I watched movie with my brother and sister in the morning. We watched Boss Baby 2. The babies were cute and looked like adult. I wrote reading journal tonight.

2021 . 8 . 19 . **Feelings:**

Topic: I posted book review on my Naver blog. That is The 10 Pillars of Wealth. And I planned my rich life. I only have big plan now. That is Earn 100 million. If I do this, I will make a bigger plan. And I will again and again.

[3줄 영어 메모하기 (예 3)]

나는 영어가 재미있다

2021 . 8 . 17 . **Feelings:** Happy

Topic:

I bought a new phone. It is an iphone 12.
The color is purple. It is so beautiful
But it is a little difficult.

2021 . 8 . 18 . **Feelings:** Good

Topic:

I watched the movie Cruela. Cruela is a villain.
Cruela is a villain from the onehundred Dalmations.
But she is so cool. Her hairstyle is very interesting.

2021 . 8 . 19 . **Feelings:** Sad

Topic:

I went to school today. Because school starts
today. I don't like going to school. And I'm so
tired. But I'm happy to meet my friends.

[3줄 영어 메모하기 (예 4)]

5. 독후감 또는 영화 감상문 쓰기

　자기가 좋아하는 책이나 감명 깊게 읽은 책을 친구들에게 영어로 말해주는 수업이 학생들에게 인기가 좋다. 문법 스트레스 없이 각자가 봤던 책에 대해 편하게 말하기가 원칙이었다. 이를 바탕으로 점차 수업을 확대해 보았다. 처음에는 그냥 말하기를 하다가 나중에는 쓰기로 이어갔다. 한글로 내용을 이해하고 있으므로 영어로 책 소개를 하는 것에 대해 아이들은 큰 어려움과 부담이 없었고, 말로 했을 때 경청해주는 친구들의 반응에 힘입어 곧장 이어지는 쓰기 수업에서도 즐겁게 수업에 임하는 것을 볼 수 있었다.

　책뿐만 아니라 영화나 연극, 뮤지컬, 드라마 등 다양한 문화 콘텐츠에 대해서 자주 발표하는 시간을 만들었다. 물론 발표 이후에는 쓰기를 이어서 진행했다. 내가 읽은 책, 내가 좋아하는 영화나 뮤지컬 등의 문화생활을 친구들 앞에서 영어로 소개하고 표현한다는 것은 굉장히 수준 높은 멋진 일이다.

나는 영어가 재미있다

TITLE: The 10 pillars of wealth

Name : Ryan

Date : August 15th, 2021

This book is my favorite book. This book is written by Alex Becker. He is super rich and my mentor. I respect him. I think this book is the best business book. Because it has a lot of important information. It tells you how to be rich. It is different from other business books. This is my best sentence " Try to be rich again and again" And this sentence changed my thought. I don't want to live stable life. I want to live happy life without worrying about money. So, I choose this way. And I made a big plan and small plan. Now, I'm reading many business book. Because I need the experience of the rich. I'm going to do the my best to be a rich. One day, I will be a rich.

[*The 10 Pillars of Wealth*를 읽고 쓴 감상문]

TITLE: Summary of Harry Potter

Name : Sally

Date : 5/13

It's Harry Potter and the Prisoner of Azkaban.

Harry Potter is on summer vacation. He must not use magic. But he uses the magic to his aunt Marge. He runs away in the dark. He takes the purple three floorsbus. The bus towards Conelius Fuzzy, Minister of Magic. He doesn't punish Harry. But he orders him to sleep at the bar tonight. Because a dangerous wizard named Sirius, Black is back from the prison Azkaban. And he is looking for Harry.

Meanwhile, Dementors are staying at Hogwarts. But new prefessor Lupin teaches students magic to defeat Dementors. Harry, Hermione, and Ron go under the smashing willow tree. They find out the Ron's rat is a human, and prefessor Lupin is a wolf and Sirius Black isn't bad guy.

Somehow Harry, Hermione, and Ron can travel in time. So they save Sirius Black and Hagrid's friend Buckbig. After that, Harry has a good godfather. But he isn't live long time?

[영화 〈해리포터와 아즈카반의 죄수〉를 보고 쓴 감상문]

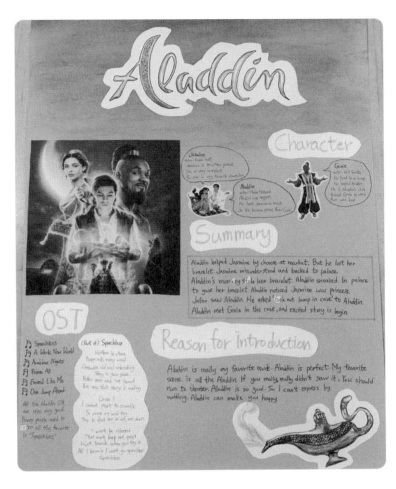

[영화 〈알라딘〉을 보고 요약한 글]

앞의 다섯 가지 글쓰기 방법 이외에도 다양한 방법으로 표현할 수 있다.

[다양한 글쓰기 (예 1)]

나는 영어가 재미있다

[다양한 글쓰기 (예 2)]

[다양한 글쓰기 (예 3)

Steve

Cool summer

my favorite season is summer because I can eat the many ice-cream. I can play water fight and reseling. I can see sea, strong wave and water park. I can swim in the sea. I can drink smoothie. people go to the coffee house. and sea. I can watched tv. 박태환 is in the tv. I can catch fishs, crabs, sea turtle, star fish,

good summer

my favorite ice cream name is 테트리스 테트리스 outside is red, yellow and blue inside is purple, green and blue.

it's a sweet and delicious

hot summer

[다양한 글쓰기 (예 4)]

해피써니 쌤의 저스트 어 모먼트(Just a Moment)!

퍼펙트 해피써니 쌤이 알려주는 시청각 콘텐츠 활용법

유튜브 채널 활용하기

채널명	특징
Super Simple Song	– 유아 단계에서 영어 노래를 접하기에 좋은 채널 – 그림도 귀엽고 노래 멜로디도 쉬워서 어린아이들이 좋아함 – 인터넷 사이트에서 워크시트도 뽑아서 활용할 수 있어서 　영어 학습으로 연결하기에 좋음 예시) Who took the cookie from the cookie jar? 　　　Head Shoulders Knees and Toes
KidsTV123	– 듣기 좋은 유명 팝송이 많음 – 노래의 완성도가 좋아서 어른이 들어도 전혀 유치하지 않음 – 초등학교에서 배우는 필수 영어와 관련된 노래들이 많음 – 초등학생과 성인에게 추천 예시) Shape song 2, Phonics song
The Singing Walrus	– 100여 개의 다양한 동영상이 있음 – 노래가 귀엽고 캐릭터들도 귀여워서 아이들이 선호 – 중독성 있는 후렴구가 아이들에게 인기가 있음 예시) Vegetable song, Action song

나는 영어가 재미있다

영상물 활용하기

분야	써니 쌤 추천 영화
어린이 TV 시리즈 (단편 애니메이션)	20분 내외의 짧은 시리즈물로 많은 영어 실력을 요구하는 작품이 아니라서 영어를 접하기 시작할 때 보면 도움 됨 아서(Arthur) 페파피그(Peppa pig) 까이유(Caillou) 맥스 앤 루비(Max and Ruby) 도라도라(Dora the Explorer) 신기한 스쿨버스(The Magic School Bus) 슈퍼 와이(Super Why) 바다 탐험대 옥토넛(Octonuts) 리틀 프린세스(Little Princess) 더 매직 키(The Magic Key) 올리비아(Olivia)
장편 애니메이션 (초등 저학년)	아이들뿐 아니라 성인들도 좋아하는 전 세계적으로 인기 있는 작품으로 지루하지 않게 영어를 접할 수 있음 니모를 찾아서(Finding Nemo) 라이언 킹(The Lion King) 덤보(Dumbo) 알라딘(Aladdin) 피노키오(Pinocchio) 정글북(The Jungle Book) 토이 스토리(Toy Story) 피터팬(Peter Pan) 겨울왕국 시리즈(Frozen) 슈렉 시리즈(Shrek) 미니언즈(Minions) 카(Cars) 볼트(Bolt) 아이언 자이언트(The giant)

분야	써니 쌤 추천 영화
장편 애니메이션 (초등 고학년&중학생)	인사이드 아웃(Inside Out) 소울(Soul) 업(Up) 인크레더블(The Incredibles) 몬스터 주식회사(Monster,INC.) 드래곤 길들이기(How to Train Your Dragon) 빅 히어로(Big Hero) 주토피아(Zootopia) 월. 이(Wall. E) 발레리나 (Ballerina)
영화	− 대부분 가족 영화로 내용이 교훈적이고 감동적인 작품들임 − 영화의 주인공이 아이인 경우가 많아서 아이들이 즐거워하며 　볼 수 있음 − 영화를 통해 외국 문화도 접하기 좋음 마틸다(Matilda) 가필드(Garfield) 스쿨 오브 락(The School of Rock) 플러버(Flubber) 말괄량이 삐삐(The New Adventures of Pippi Longstocking) 내니 맥피(Nanny McPhee) 쿨 러닝(Cool Runnungs) 아이 로봇(I, Robot) 나홀로 집에(Home Alone) 찰리와 쵸콜릿 공장(Charlie And The Chocolate Factory) 빌리 엘리어트(Billy Elliot) 샬롯의 거짓말(Charlotte's Web) 아이 엠 샘(I am Sam) 34번가의 기적(Miracle on 34th Street) 트루먼 쇼(The Truman Show) 어 퓨 굿맨(A few Good Man)

분야	써니 쌤 추천 영화
SF/ Fantasy 영화	– 우리나라뿐만 아니라 전 세계적으로 인기가 많은 영화임 – 시리즈물이 많아서 좋아하는 영화를 꾸준히 보면서 영어 학습을 할 수 있는 장점이 있음 해리포터 Series(Harry Potter) 반지의 제왕(The Lord of The Rings) 쥬만지(Jumanji) 스파이더맨(Spider-Man) 스타워즈 에피소드(Star Wars) 에이 아이(AI) 백투더 퓨처(Back To The Future) 쥬라기 공원(Jurassic Park) 혹성탈출(Planet of the Apes) 박물관이 살아있다(Night the Museum) 아바타(Avatar) 인디아나 존스 시리즈(Indiana Jones) 나니아 연대기 시리즈(The Chronicles of Narnia)
뮤지컬 영화	– 실제로 우리나라에서도 뮤지컬로 공연이 되는 작품들이 많고 실제 외국 배우들이 내한을 해서 우리나라에서 공연하기도 해서 아이들에서 많은 동기부여가 됨 오페라의 유령(The Phantom Of The Opera) 레미제라블(Les Miserables) 캣츠(Cats) 오즈의 마법사(The WizardnOf Oz) 지킬박사와 하이드(Dr.Jekyll and Mr. Hyde) 사운드 오브 뮤직(The Sound Of Music)

퍼펙트 해피써니 쌤이 알려주는 스피킹의 절대 법칙 단계별 활용법

01 1단계: 동작이 분명하고 확실한 것부터 시작

Sit down	Sing
Stand up	Fly
Come here	Shake
Turn around	Walk
Jump	Climb
Run	Draw
Swim	Catch
Dance	Throw

02 2단계: 동사 뒤에 목적어를 붙여서 문장을 확장

Open the door.	Shake your body.
Close the door.	Shake your head.
Touch the desk.	Raise your arms.
Touch the wall.	Raise your left leg.
Touch red color.	Hug your friend.
Touch Sunny teacher.	Hug your mom.
Point to the window.	Play the piano.
Point to the chair.	Play the drum.
Go to the whiteboard.	Pick up the red pencil.
	Pick up the book.

03 3단계: 다양한 영어 패턴을 이용해서 문장을 확장하고 변형

(자주 사용하는 패턴을 공부하고 말하는 것에 집중해서 행동으로 익히기)

Can you run?

⇨ Yes, I can run.

What can you do?

⇨ I can dance.

What are you doing?

⇨ I am driving a car.

What do you like?

⇨ I like pizza.

What do you make?

⇨ I make a fan.

What are you going to do?

⇨ I am going to sleep.

What will you do?

⇨ I will draw an apple.

Where are you going?

⇨ I am going to the library.

퍼펙트 해피써니 쌤이 알려주는 영어 발음 이야기

"발음이 좋아야 하지 않을까요?"

많이 받았던 질문이다. 발음이 원어민과 같이 멋있고 훌륭하다면 더할 나위 없이 좋을 것이다. 하지만 발음은 다른 사람이 알아들을 정도면 충분하다고 말해주고 싶다. 발음보다 더 중요한 것은 내 생각을 일목요연하게 표현할 수 있어야한다. 상대방을 설득해야 하는 자리에서는 설득의 힘을, 감동을 주어야 하는 자리에서는 감동을 줄 수 있는 내실 있는 영어 공부가 더 중요하다. 그러므로 더많은 시간을 독서에 할애하고 독서 후에는 내 생각을 정리하는 것에 시간을 투자해야 한다.

2015년, 전 세계에서 가장 영어를 잘하는 1인에 반기문 전 유엔사무총장이 뽑혔다. 영어는 발음이 좋아야 하는 것이 아니라 내용, 즉 담고 있는 콘텐츠가 중요하다는 것을 말해주는 것이다. 전 세계 사람들이 반기문 유엔 총장의 연설을듣고 감동하고 희망을 느꼈다고 하지 않던가. 또 아카데미 시상식에서 수상한윤여정 배우의 영어 인터뷰나 수상 소감이 전 세계인을 감동시키고 울림을 준것은 윤여정 배우님의 영어 발음이 아니라 말의 내용, 즉 스토리였다.

만약 발음이 좋아지고 싶다면, 발음 연습을 꾸준히 많이 하면 좋아질 수 있다. 써니 역시도 영국 할아버지와 이야기를 할 때는 좀 더 영국식의 영어 발음을 쓰고 미국인 친구와 대화할 때는 좀 더 미국식 영어 표현이나 발음으로 이야기를 하곤 한다. 일본인, 싱가포르, 인도네시아, 네팔, 뉴질랜드, 독일 친구들과 이야기할 때는 그때마다 조금씩 억양이나 발음을 바꾸면서 대화를 이어간다. 발음은 나중에 업그레이드해도 괜찮다.

사람마다 말하는 스타일도 다르고 발음하는 방법도 다르다. 발음에는 정답이 없다. 발음도 당연히 중요하지만 영어라는 도구로 의사소통을 하고 영어로 다른 공부를 할 수 있길 바란다.

4장

한 시간이 10분처럼 느껴지는
시간 순삭 영어 공부법

I am amused by English

Success is the sum of small efforts
repeated day in and day out.

- Robert Collier -

성공은 매일 반복되는
작은 노력의 총합이다.

- 로버트 콜리어 -

어휘 늘리기 게임 베스트 5

'영어 공부의 80%는 단어'라는 말이 있다. 오랜 기간 학생들에게 영어를 가르치면서 절대 지지하는 말이다. 하지만 단어만을 무작정 외우는 것은 시간적으로나 에너지를 사용하는 측면에서나 많은 낭비다.

2022년 현재, 교육부에서 정한 초등 필수 어휘는 800개, 중학교 필수 어휘는 1,000~1,500개, 고등학교 필수 어휘는 2,000~4,000개, 대학교 어휘는 2,000~5,000개이다. 초등학교에서 중학교, 중학교에서 고등학교 진학을 하면서 영어 필수 어휘의 수가 급증한다. 이렇게 방대한 영어 어휘들을 무조건 외운다는 것은 어쩌면 무모하고 비효율적일 수 있다. 참고로 미국의 경우 초등학교 저학년이 한국 대학생 정도의 어휘 실력을 갖추고 있다고 한다.

영어 어휘를 재미있게 공부하며 늘릴 수 있는 다섯 가지 게임을 소개한다.

1. 영어 단어를 이용해서 문장 만들기

영어 단어를 공부할 때는 단어만 외우기보다는 읽고 있는 책이나 공부하는 문장 속에서 영어 단어를 익히기를 권장한다. 예를 들어, 'school'이라는 단어가 '학교'라는 뜻이 있다는 것은 누구나 쉽게 안다. 이렇게 단어의 소리를 알고 뜻을 알고 스펠링을 익힌 다음에는 이 단어가 혹시 다른 뜻이 있는지 찾아보는 것도 좋다. 그리고 효과적인 영어 단어 공부는 실제 영어에 활용해서 적극적으로 사용하는 것이다. 실제로 학생들을 교육할 때 큰 효과를 보는 학습법 중 하나가 바로 〈나만의 문장 만들기〉이다.

예를 들어, 'school'이라는 단어를 익혔다면, 'school'을 이용해서 문장을 만들 수 있어야 한다.

I go to school at 8.

I have 5 classes at school today.

They meet a school of fish in the ocean.

(세 번째 문장에 쓰인 school은 '떼', '무리'라는 의미이다.)

처음 영어 공부를 시작할 때에는 짧고 간결한 문장을 만들면서 점점 문장들을 이어간다. 그렇게 단어를 이용해 문장을 만들어 나가면 영어 실력이 상상 그 이상으로 많이 발전되는 것을 확인하게 된다.

이러한 연습을 많이 할수록 분명 쓸 수 있는 단어의 수가 늘어날 것이다. 단어의 수가 늘어날수록 생각하는 힘도 길러진다. 다시 말하자면 단어의 수가 많을수록 생각하는 힘, 사고하는 능력이 향상되는 것이다.

2. 끝말잇기 게임

어휘를 쉽고 재미있게 즐기면서 아주 자연스럽게 늘릴 수 있는 게임으로 아주 고전적인 방법이지만 효과도 훌륭한 '끝말잇기 게임'이다. 앞단어의 끝 알파벳으로 시작하는 단어를 말하면 된다. 단어를 더 떠올리지 못하면 지는 규칙으로 진행된다. 이 게임은 2명 이상 함께할 수 있어 좋다. 단계가 높아지면 4단어 이상, 5단어 이상 말하기를 해도 좋고, 품사를 정해서 하는 것도 어휘 실력을 향상하는 데 도움이 된다.

예를 들어, 'cat'으로 시작해서 끝말잇기 게임을 하면 다음과 같이 할수 있다.

cat → ten → nine → elephant → tiger → ring → goldfish → house → eggplant → triangle → elbow → window → watermelon → next → twins → scary → yesterday → yellow → water → robot → teacher → rain → noodle → envelope →

earrings → scissors → starfish → hippo → octopus → student → train → noisy → yo-yo → ostrich → holiday → young → gum → monster → right → team → model → lemon → nothing → golden → night → tired → dragon → n······.

3. 첫 글자 게임

첫 글자 게임은 말 그대로 알파벳을 지정한 후에 그 알파벳으로 시작하는 영어 단어를 나열하면 된다. 첫 글자 게임은 아이의 생각의 폭과 깊이를 심어 주며 단순하게 영어 단어를 암기하는 것이 아니라 아이가 진짜 알고 있는 단어를 얘기하거나 말을 하는 게임이라서 장기 기억에도 도움이 된다.

예를 들어, 알파벳 't'로 시작하는 단어를 나열하면 다음과 같이 할 수 있다.

tree, tiger, ten, table, tip, toe, top, thing, triangle, type, try, train, twist, tube, toy, total, task, tennis, tin, treat, take, travel, talk, trouble, tongue, tiny, there, track, there, three, they, thread, tea, test, teacher, town, tummy, terrific, tremendous, temperature, teenager, twice, turn, term, think, terminal, traffic······.

4. 시간 정해 놓고 알고 있는 단어 모두 쓰기

　5분 시간 제한으로 생각나는 단어를 모두 쓰게 한다. 어떤 친구는 50개 이상을 쓰기도 하고 어떤 친구는 20개도 못 쓰는 친구가 있지만 처음에는 그것은 그리 중요하지 않다. 머릿속에 있는 단어들을 밖으로 꺼내어 정리하는 것만으로, 이 공부 방법은 학생들에게 좋은 자극을 주고 장기 기억할 수 있게 해준다.

Please write the words as many as you can in 5 minutes.

Happy, Smile, Sunny, Teacher, Desk, Book
Pencil, Pen, Post, Water, Toilet, Hand soap,
Mask, Pillow, Lunch, Exercise, Arm, Leg, Cat,
Dog, Cow, Snow, Slide, Shoe, Clothe, Hamberger
Sandwich, Haircut, English, Math, Hate, Heart,
Bone, Skeleton, Glasses, Spring, Flower, Grass
Hill, Picnic, Song, Pizza, Sunflower, Backpack,
Thursday, Friday, Saturday, Sunday, school, Friend
New, Boring, Tired, Home, Keyring, Bed, Sleep
Dinner, Homework, Drama, Dawn.

[시간 정해 놓고 알고 있는 단어 모두 쓰기 (예 1)]

Please write the words as many as you can in 5 minutes.

You-Tube pencle teacher raise apple airport aaperance bananaread bee orange time write run go bed desk math korean subject bear book listen music job Popsong Sing hummor fox tiger saw see hear hand eraise pencle case fantaisc hear sky movie move coffe fasion possm surrend lose live leave back sheep smartphone clothes blood gun message really heart name stay peach peace jump roll candy body immune system sleep bring cheap moon lunch locate use

[시간 정해 놓고 알고 있는 단어 모두 쓰기 (예 2)]

5. 특정한 주제를 주고 생각나는 단어 모두 쓰기

크리스마스, 할로윈 파티, 계절 등 특정한 주제를 정해서 그 주제에 관련된 단어를 적거나 말해 본다. 이 게임은 어휘 확장에 특히 효과적이다. 또한, 아이가 알고 있는 단어를 나열하기 때문에 현재 어느 정도 수준의 단어를 얼마만큼 알고 있는지 파악할 수 있다.

예를 들어, 크리스마스에 관련된 단어를 떠올려 보면 다음과 같은 단어들이 있다.

Christmas tree, decorate, star, stocking, chimney, sack, Santa Claus, red, white, sled, Rudolph, red nose, surprised, surprising party, gift, present, children, December, eve, carol, Raindeer, hat, candy cane, chocolate, snow, snowman, Frozen, winter

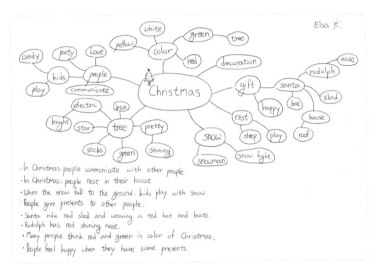

[〈크리스마스(Christmas)〉라는 주제에 대해 쓴 단어와 문장]

Think about the earth, then write down as many words as you can within 5 minutes.

sea ocean stars korea far land air
weather people grace sky fight North
food ice color water war tree
season large
animals atmosphere fly birds mountains
run safe camping sun airport k-pop
warm dawn space sunlight America
spring fall summer winter snow hot
festival school family job swim
New day sports homework friends cold
work sick moon trip hotel
music smartphone volunteer love my house
study circle plants clothes techonolgy pollution
ball lonely blue and white cloud live
flower history flow clock time
big wonderful nature future fruit
money science cell gold cave
ciralate rotate

[〈지구(the earth)〉라는 주제에 대해 쓴 단어]

나는 영어가 재미있다

흥미 Up 몰입 Up 영어 뮤지컬 주인공 되기

십수 년 전부터 학생들과 두세 달에 한 번씩 학원에서 영어로 뮤지컬 공연을 해왔다. 아이들이 직접 참여해서 본인의 캐릭터에 맞는 소품을 만들고 공식적인 공연임을 알리는 현수막도 손수 만들었다. 아이들 한 명한 명이 직접 영화의 주인공이 되어 영어로 대사를 외우고, 음악에 맞는 안무도 직접 하고, 다양한 몸짓 언어에도 감정을 담아 연기를 연습했다. 누가 시키지 않아도 높은 참여율을 보였다.

아이들은 뮤지컬 공연을 준비하는 동안 다들 적극적으로 참여하였다. 사실 영어 대사와 노래를 외우는 것이 벅차진 않을까 걱정도 했지만, 그것은 기우였다. 공연 주제 선정 회의부터 제작, 연습, 공연에 이르기까지 아이들은 무척 즐겁게, 때로는 진지하게 임했다.

〈니모를 찾아서〉라는 영어 뮤지컬을 처음 하게 된 초등학교 3학년

대니(Danny)는 자기가 니모 역할을 하게 됐다며 정말 기뻐했었다. 그리고 누구보다도 자신감이 넘치고 훌륭하게 니모 역할을 소화해 냈다. 아이의 부모는 뮤지컬을 준비하는 과정에서 부쩍 영어 실력이 늘어난 게 보였다면서, 영어에 대한 자신감은 물론이고 자존감도 향상되었다고 감사의 인사를 여러 차례 전하기도 했다. 초등학교 5학년 때 영어 학원을 처음 다닌 노먼(Norman)은 〈알라딘〉 뮤지컬을 할 때 남자지만 여자 역할인 재스민 공주 역할을 하게 되었다. 노먼은 관객들에게 자신의 영어 실력은 물론이고 놀라운 연기력까지 뽐내서 큰 박수를 받기도 했다.

영어 뮤지컬에 직접 참여하면 재미없고 딱딱한 영어가 아니라 실제 생활에서 사용하는 문장을 자연스럽게 익히고 말할 수 있게 된다. 처음에는 그저 다양한 학습 방법의 하나로 시도했었다. 그러나 어느 순간 훌륭한 팀워크를 보여주면서 한편의 영어 뮤지컬을 끝낸 아이들의 모습에서 놀라운 것을 발견했다.

영어에 대한 거부감은 줄었고 영어 실력은 눈에 띄게 향상되면서 자신감에 가속도가 붙는 계기가 되기도 했다. 그뿐만이 아니었다. 아이들의 자존감까지도 크게 향상된다는 것을 수차례 목격했다. 행복했다. 참으로 가치 있는 과정과 결과였다.

애니메이션이나 책으로 되어 있는 내용을 뮤지컬로 변형해서 만들어 나가는 것 자체가 아이들에게는 도전이었다. 조금 서툴거나 틀려도 문제 될 것은 없었다. 그 과정에서 영어를 겁내지 않고, 혹여 문법이 틀리

나는 영어가 재미있다

더라도 무조건 본인의 입으로 말해 보고 연습하다 보면 어느새 뮤지컬 대사들이 한글처럼 입에서 술술 나오게 되는 것을 체험했다. 아이들은 그런 자신의 모습을 보면서 영어에 대한 자신감과 더불어 자존감이 크게 향상되었다.

덕분에 지금까지도 두 달에 한 번, 못해도 넉 달에 한 번은 정기적으로 미니 뮤지컬을 진행한다. 발표나 프레젠테이션과는 다르게 뮤지컬은 율동과 노래도 함께 있어서 아이들이 부담을 덜 갖는다. 〈니모를 찾아서(Finding Nemo)〉, 〈라이온 킹(Lion King)〉, 〈알라딘(Aladdin)〉 〈겨울왕국(Frozen)〉, 〈라푼젤(Tangled)〉 등 이미 애니메이션으로도 유명한 작품의 대사와 율동, 노래를 익히고 외워서 다른 친구들 앞에서 공연하고 동영상으로 찍어서 기록한다.

누군가의 눈에는 다소 어설픈 공연으로 보일 수도 있다. 비록 무대의 스케일은 작을지 몰라도 아이들의 도전 정신과 열정의 스케일만큼은 그 어떤 공연보다도 크다. 코로나 19의 영향으로 지금은 주춤하고 있지만 언젠가는 아이들과 함께 더욱더 큰 공연장에서 뮤지컬 공연을 하는 꿈도 그려 본다.

해피써니 쌤의 3Go 영어 공부법

공부도 재미있게 할 수 있다. 책상에 앉아 조용히 지식을 습득하는 것이 아니라 쉽Go(고), 재미있Go(고) 그럼에도 불구하고 확실하Go(고)! 일명 퍼펙트 해피써니 쌤이 추구하는 '3Go 공부법' 세 가지를 소개한다.

3Go 공부법 1: 더빙 앱 활용

자연스러운 발음과 억양 그리고 현지인들이 쓰는 영어 표현을 배우기에 최적인 방법이 있다. 바로 영화나 애니메이션 더빙으로 공부를 하는 것이다. '투덥'이라는 앱이 있다. 무료로 영화나 애니메이션의 대사를 더빙할 수 있는 앱이다. 레벨도 초급부터 고급까지 다양하게 있어서 본인의 수준에 맞게 연습을 할 수 있다. 매력적인 기능 중 하나는 AI와 함께 스피킹을 연습할 수도 있다는 것이다.

3Go 공부법 2: 낭독(Read Aloud)

과거 학생들에게 영어를 가르칠 때 제일 먼저 한 활동 중 대표적인 것이 바로 '낭독(Read Aloud)'이었다. 가장 쉽고도 이른 시간 안에 아이들의 영어 실력을 향상해 주는 방법이라 확신했기 때문이다. 많은 사람이 영어 낭독을 하면서 실력을 향상했기 때문에 확신을 갖고 수업에 적극적으로 활용했었다. 학생들에게 수업 시간마다 영어 낭독을 할 수 있게끔 기회를 만들어 주었다. 그리고 체크 리스트를 만들어서 학생들이 직접 체크하고 목표 달성을 할 수 있게 했다. 한 달이 지나고 6개월, 1년이 지나면서 학생들의 발음과 억양이 좋아졌고 스스로 표현할 수 있는 영어 문장의 수가 늘어나기 시작했다.

영상 자극을 주었을 때는 뇌의 전두엽에만 영향을 미치고, 소리 자극을 주었을 때는 뇌 전체에 영향을 미친다고 한다. 이렇듯 우리의 뇌는 영상보다는 소리에 더 민감하게 반응을 하는 것이다. 어릴 때부터 자장가나 부모님들의 이야기를 많이 듣고 자란 아이들이 소리와 언어에 더 민감하게 반응을 보이고 상대적으로 말을 잘하는 이유도 같은 맥락이라 볼 수 있겠다.

낭독할 때는 영어 교재, 원서, 신문 등 어떤 자료를 사용해도 무방하다. 다만 현재 아이의 레벨과 상황에 맞게 난도가 높지 않은 것을 골라야 한다. 처음부터 지나치게 욕심을 내지 않고 따라 읽기 쉬운 내용으로 선택하는 게 무엇보다 중요하다.

3Go 공부법 3: 외래어를 이용한 영어 공부법

나는 학생들에게 생각하는 것만큼 영어가 어렵지 않고 일상생활 속에서 자주 보는 단어들과 밀접한 관계가 있다고 말을 한다. 그래서 학생들이 조금 더 쉽게 영어 단어를 익히고 쉽게 이해하도록 한다. 집에서, 거리에서, 학교에서 접할 수 있는 외래어를 찾아 보라고 하고 찾아 온 외래어 중 영어 단어에서 유래된 단어들을 같이 공부한다. 이렇게 하면 학생들이 영어 단어를 좀 더 쉽고 친근하게 공부할 수 있다.

예를 들어, 다음과 같은 단어들은 한국어와 영어가 비슷하다. 우리가 어릴 때부터 많이 들어보고 실제로 일상생활 속에서 자주 사용하고 있는 단어들이기도 하다. 그 때문에 영어 공부를 시작하는 단계에서 이를 활용하게 되면 영어에 대한 거부감을 줄일 수 있다.

한국어와 영어 발음이 비슷한 대표 단어 30개

소파 sofa

아이스크림 ice cream

마스크 mask

펜 pen

글로브 glove

머그 mug

컵 cup

버스 bus

택시 taxi

트럭 truck

케이크 cake

펭귄 penguin

팀 team

보트 boat

오일 oil

잉크 ink

이글루 igloo

고릴라 gorilla

이구아나 iguana

그래프 graph

스위치 switch

하우스 house

피아노 piano

드럼 drum

피자 pizza

도넛 donut

햄버거 hamburger

토마토 tomato

체리 cherry

팝콘 popcorn

4컷 만화 그리기

글쓰기가 많이 부담되는 친구들은 4컷 만화(혹은 8컷) 그리기를 추천한다. 영어 표현보다는 그림과 함께 내용을 전달하기 때문에 학생들이 쉽게 글쓰기에 도전할 수 있다. 그림으로 표현하다 보면 아이들 저마다 가진 창의력과 상상력이 더해져서 더욱 훌륭한 영어 글쓰기가 된다.

간혹 영어 공부를 하라고 했더니 만화 그리기나 한다며 혹시 부정적으로 생각한다면 절대 그럴 필요가 없다고 말하고 싶다. 영어로 만화를 그리는 것은 영어 실력과 창의력을 둘 다 향상하는 아주 좋은 방법이 될 수 있다. 머릿속에 있는 생각을 만화로 정리해서 표현하는 것은 칭찬해줄 일이다. 그야말로 아주 생산적이고도 효과적인 학습이자 놀이가 될 수 있다.

[4컷 만화 그리기의 예]

영어로 편지 쓰기

편지 쓰기는 영어 글쓰기를 가장 쉽게 하는 방법 중 하나이다. 편지는 격식을 차리거나 딱딱하지 않게 평소 자신이 말하듯이 편하게 영어 쓰기를 할 수 있다. 현재 우리 학원에서는 20여 명의 학생이 미국 캘리포니아에 있는 초등학교 친구들과 편지를 주고받고 있다. 학생들이 손으로 편지를 쓰고 그 편지를 사진으로 찍어서 이메일로 보내주는 방식으로 하고 있다.

영어로 편지를 쓸 뿐만 아니라, 그림을 직접 그리기도 한다. 아무래도 나이가 어린 학생들이기에 타이핑을 하는 것이 미숙하기도 하고, 직접 손으로 글을 쓰며 영어에 더 익숙해질 수 있도록 손편지 쓰기를 권장하고 있다.

영어 편지 쓰기를 할 때 가능하면 우리 학원의 학생들처럼 원어민과

나는 영어가 재미있다

편지를 주고받으면 좋겠지만, 굳이 외국인이 아니어도 괜찮다. 친구나 가족, 선생님에게 주기적으로 영어 편지를 쓰면 영어 실력 향상은 물론이고 관계에도 무척 긍정적인 영향을 준다. 어버이날에는 부모님과 할머니 할아버지에게, 크리스마스에는 산타 할아버지에게 편지를 쓰고 있다. 가끔은 10년 후 또는 20년 후의 나에게 편지를 쓰고 발표를 하기도 한다.

편지를 쓰다 보면 하고 싶은 말이 많아져서 영어 단어를 더 공부하게 되고, 영어 표현들을 찾아보게 된다. 스스로 필요해서 하는 '진짜' 공부가 된다. 궁금해서 알고 싶어지는 그 마음이 바로 공부를 잘하게 되는 신호다. 해피써니 쌤은 많은 학생이 다양한 대상에게 편지를 써 보길 추천한다.

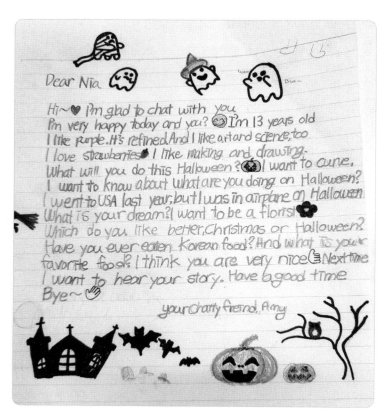

Dear Nia

Hi~♥ I'm glad to chat with you.
I'm very happy today and you? 😊 I'm 13 years old
I like purple. It's refined. And I like art and science, too.
I love strawberries🍓 I like making and drawing.
What will you do this Halloween? 🎃 I want to curve.
I want to know about what are you doing on Halloween?
I went to USA last year, but I was in airplane on Halloween.
What is your dream? I want to be a florist🌺
Which do you like better, Christmas or Halloween?
Have you ever eaten Korean food? And what is your
favorite food? I think you are very nice👍 Next time
I want to hear your story. Have a good time
Bye~👋

your chatty friend, Amy

[영어로 편지 쓰기 (예 1)]

Dear Nikita

Hi Nikita, I'm Elsa. I am so glad to meet you. I am 14 years old
in Korea, so maybe I'm 13 years old in U.S.A. I go to middle
school in Cheong-ju. Do you know where Cheong-ju located?
It is two hours away from Inchon. I don't have any siblings.
I'm an only child. So sometimes I wonder how it feel having
siblings. My favorite subject is science. But I also like
history. I like reading, so I read many books about history,
too. Do you know taekwondo? It is Korean traditional
martial arts. It's similar to karate, but it usually use
lower body. If you have a chance to learn taekwondo,
try it. I have two pets. They are pet shrimps. They are so
old but they're not dead yet. Even they're as healthy as
young shrimps. I just think it is incredible! I hope the
pandemic will be gone and see you.

Your new friend, Elsa.

[영어로 편지 쓰기 (예 2)]

Dear, Arthur

Hi, I'm Henry. First, I tell you
about korea. You want to know about
'How long are you in class during
the day.' I study for 8 hours in the school.
And we go to the school in person.
korea school's Advantage is good school lunch
and good sport facilities. I like sport.
And I like swimming too. I have been swimming
since I was seven.   I have a pet like you.
I have   two turtles. They're so cute.
Let's be good friends from now on.

Sincerely Henry

[영어로 편지 쓰기 (예 3)]

144

해피써니 쌤의 저스트 어 모먼트(Just a Moment)!

퍼펙트 해피써니 쌤이 알려주는 낭독 활용법

낭독의 대표인 세 가지 방법

01 한 단어씩 돌아가며 읽기

아직 영어 읽기 실력이 부족하거나 영어 학습 기간이 짧은 학생들에게 좋은 방법이다. 아직은 영어책에 익숙하지 않거나 영어책 읽기에 거부감이 있는 어린아이들에게 효과적이다. 두 명씩 그룹을 정해주거나 부모님이 함께 읽어 준다. 먼저시작하는 사람이 첫 번째 단어를 읽고, 그다음 사람이 두 번째, 다음 사람이 세 번째 단어를 읽으면서 책을 완독하는 것이다. 책을 읽어야 한다는 부담감보다는 단어를 하나씩 읽기 때문에 더 쉽고 재미있게 영어책을 읽는 경험을 하게 된다.

02 한 문장씩 돌아가며 읽기

한 단어씩 돌아가며 읽기와 같은 방법으로 읽기를 진행하되 이번에는 단어 하나씩을 읽는 것이 아니라, 한 문장씩 돌아가면서 읽으면 된다. 한 단어 읽기보다는 영어 수준이 조금은 더 높을 때 추천한다. 둘이서 읽어도 좋고 여러 명이읽어도 된다.

03 그림 읽기

아이들의 상상력과 창의성을 길러줄 수 있고 영어 실력 향상에도 도움이 되는그림 읽기는 책의 그림을 보고 아이가 말을 하는 것이다. 처음에는 책의 내용을외워서 읽게 되지만 영어 실력이 향상되면 책의 내용을 요약하거나 본인만의스토리를 이야기하기도 한다.

부록

I am amused by English

퍼펙트 해피써니 쌤이 알려주는 문법 이야기와 공부법

> Q.: 영어를 잘하려면 문법 공부가 중요한가요?
>
> A: 안녕하세요. 해피써니 쌤입니다. 문법 공부 때문에 스트레스를 받고 있나요?
> 제가 현장에서 느꼈던 문법에 대한 모든 것을 지금부터 이야기해 줄게요.
> 결론부터 말하자면 문법은 영어를 잘하기 위한 도구입니다.

"우리 아이가 초등 5학년인데 영어 문법을 시작해도 될까요?"

"우리 아이가 영어 공부 시작한 지 4년 되었는데 영어 문법을 시작해야 할까요?"

교육 현장에서 이런 질문을 많이 받습니다. 최근에는 영어 문법 교육을 빠르면 초등 1학년 때부터 시작하는 친구들도 많이 있죠. 아무래도 영어 유치원을 다녔거나 어릴 때부터 외국 생활을 하는 친구들이 많기 때문일 것입니다. 그렇지만 보통의 아이들은 초등 1학년, 2학년 때 영어 공부를 시작합니다. 더 일찍 시작하는 친구들도 있지만. 대한민국 공교육에서는 초등 3학년 때 영어 수업을 처음 하게 됩니다. 초등학교 3학년에 처음 영어를 접하기 시작했다는 전제하에 언제 영어 문법을 시작하면 좋을까요?

"Grammar is a concept which children don't understand until they are about ten years old." (문법은 아이들이 약 10살이 되기 전까지는 이해하기 어려운 개념이다.)

- 장 피아제(Jean Piaget), 스위스 아동 심리학자 -

영어 문법은 영어 공부를 최소한 2~3년 이상하고 어느 정도 인지 발달이 완성되는 만 10세 이후인 5학년, 늦어도 6학년에는 시작하는 것을 추천합니다. 영어를 아무리 잘하고 외국인과의 의사소통이 자연스럽게 가능하더라도 수동태나 가정법과 같은 문법 개념을 이해하고 문제를 풀기 위해서는 초등 고학년이 되어 시작하는 것이 좋습니다.

영어 문법은 영어 구사를 위해 필수적인 요소입니다. 우리가 방대하고 수많은 영어 문장이나 표현을 모두 외울 수는 없습니다. 문법은 우리에게 어두 컴컴하고 막막한 영어의 숲에서 길을 비추어주는 손전등과 같다고 보면 이해가 될까요?

영어 문법을 잘 알고 많이 알면 응용해서 영어로 말도 잘하게 되겠죠. 영어로 글을 쓸 때도 훨씬 더 풍성하고 잘 쓸 수밖에 없습니다. 고등학교 이후의 영어 시험이나 수능의 영어 문제들은 문법을 잘 모르면 좋은 점수를 받기 힘든 것도 사실이고요. 그런데 사실 한 나라의 언어 법칙을 공부한다는 것은 쉬운 일은 아닙니다. 한국에서 태어나 사는 우리도 한국어 말은 잘하지만, 국어 시험을 보게 되면 헷갈리고, 외국인이 한글 문법에 관해서 물어보면 정확하게 설명하기가 무척 어렵지 않나요? 마찬가지입니다. 영어 문법을 공부한다고 하면 문법 문제 풀이를 떠올리시는 분이 많습니다. 문제를 열심히 풀고 정답을 맞히는 것은 내신 공부를 위한 것이고, 진짜 문법을 공부하기 위해서는 개념 공부를 하고 예문을 외우는 것에 더 중점을 두길 바랍니다.

우리가 문법을 공부하는 목적은 영어 말하기와 글쓰기를 잘하기 위한 것임을 잊지 말아야 합니다. 개념만 공부하고 문제만 많이 푼다면 말하기와 쓰기에는 도움이 되지 않습니다. 문법서에 나와 있는 보석 같은 예문을 여러 번 읽고 외우세요. 그리고 외운 예문을 말하기와 쓰기에 적용하세요. 되도록 많은 예문을 외우고 적용하면서 영어 실력을 키우길 바랍니다.

그럼 어떻게 하면 문법 공부를 잘할 수 있는지 지금부터 대표적인 방법을 알려줄게요. 실제로 써니 쌤이 교육 현장에서 사용하는 방법입니다.

첫 번째, 문법 개념 정리하기

영어 문법을 공부할 때는 무조건 쉬운 것부터 시작하세요. 쉬운 문법책으로 개념 정리를 하면서 천천히 차근차근 문법의 마을을 세우기 바랍니다. 처음에는 문법 요소가 많고 문제가 많은 책보다는 개념 정리가 간단하고 잘 되어있는 문법서를 고르고 문법 요소 하나가 끝날 때마다 스스로 정리를 꼭 하세요.

마인드맵이나 생각 그물, 그래픽 오거나이저(Graphic Organizer) 등을 이용해서 정리합니다. 본인 스스로 정리를 하고, 아는 것과 모르는 것을 구별하는 메타인지(메타인지란 자신의 인지적 활동에 대한 지식과 조절을 의미하는 것으로 내가 무엇을 알고 모르는지에 대해 아는 것에서부터 자신이 모르는 부분을 보완하기 위한 계획의 실행 과정을 평가하는 것에 이르는 전반을 의미한다. '인식에 대한 생각', '생각에 대한 생각'이라고도 한다. [김경일 《0.1%의 비밀》]) 공부법을 충분히 이용하면 장기간 기억하기에 도움이 됩니다. 내가 아는 것과 내가 모르는 것, 그것을 구별하는 능력을 키워 주세요.

내가 모르고 있는 것을 알려고 하고, 해결하려고 하는 것이 진정한 공부입니다. 선생님이 알려 주거나 그냥 정답지를 보고 답만 맞추는 방식이 아니라, 내가 모르는 것을 알기 위해서 다양한 방법을 이용해서 공부하세요.

실제로 공부를 잘하는 친구들은 내가 모르는 것이 무엇인지 파악하고 알기 위해 공부를 하지만, 공부를 못하는 친구들은 아는 문제에 집착하고 관심을 둡니다. 시험공부를 할 때도 틀린 문제를 중심으로 공부하고 왜 틀렸는지를 확실하게 알고 다음 단계로 넘어가야 합니다. 같은 시간을 공부하더라도 더 효율적으로 공부하기 위해서는 메타인지를 이용해서 공부해야 합니다.

뇌를 깨울 수 있는 최고의 방법은 다름 아닌 손입니다. 머릿속 생각이나 공부한 책을 손으로 시각화하고 정리를 합니다. 정리할 때는 정해진 법칙은 없습니다. 빈 종이를 사용해도 좋고 정리 노트를 따로 만들어서 정리해도 되고 포스트잇을 활용해서 정리해도 됩니다.

가장 효과 있는 방법으로 '백지 테스트'를 추천합니다. 노트나 백지에 그날 배운 문법 개념이나 예문들을 쓰도록 하면 됩니다. 저도 중학생이 상담을 받으러 오면 꼭 백지 테스트로 문법 테스트를 합니다. 이 테스트 후에는 자연스레 오롯이 본인이 알고 모르는 것들이 정리됩니다. 물론 정리한다고 해서 다 아는 것은 아니지만 한 것과 하지 않은 것의 차이는 분명히 있습니다.

문법 정리를 스스로 하고 난 후 친구들이나 부모님, 선생님께 설명까지 한다면 최고의 공부법이라고 할 수 있습니다. 다른 사람에게 설명하지 못하는 것은 완벽하게 이해한 것이 아닙니다.

"If you can't explain it simply, you can't understand it well" (만약

당신이 그것을 간단하게 설명할 수 없다면, 당신은 그것을 잘 이해한 것이 아니다.)

- 알버트 아인슈타인(Albert Einstein) -

두 번째, 독해 속에서 문법 공부하기

책은 최고의 스승입니다. 어떤 책이든 좋습니다. 그림책도 좋고 챕터북도 좋고
학원에서 많이 사용하는 ELT(English Language Teaching) 교재의 독해책도 좋습니
다. 책은 영어 문법을 익히기에 정말 좋습니다. 책을 읽다가 문법 요소가 나오
면 문법책을 함께 꺼내서 그 문법을 정리하고 이해하면 됩니다.
문법 요소를 같이 공부할 수 있는 챕터북과 그림책을 소개합니다.

수 윌리엄스(Sue Williams)의 동화책, *I Went Walking*

이 책에는 중학생이 되면 배우게 되는 개념인 문장의 형식 중에서 5형식이 잘
나와 있습니다.

I / saw / a red cow / looking at me.
주어 / 동사 / 목적어 / 목적격 보어
I / saw / a green duck / looking at me.
주어 / 동사 / 목적어 / 목적격 보어

특히, 5형식 동사인 지각 동사의 쓰임이 나와 있습니다.
(지각 동사는 5형식에서 동사원형과 -ing를 목적격 보어로 취합니다.)

나는 영어가 재미있다

고미 타로(Gomi Taro)의 그림책, *My friends*

I learned to run from my friend the horse.

I learned to climb from my friend the monkey.

I leaned to march from my friend the rooster.

회화에서 많이 쓰이는 표현이지만 문법적으로 접근해 본다면 영어에서는 주어가 한 개일 때는 동사도 한 개여야 합니다. 그래서 learned와 run 사이에 to를 넣어서 run을 동사가 아닌 목적어로 써 줍니다. 이것이 우리가 그렇게 외우고 문제를 풀던 to 부정사입니다. 영어에서는 to 부정사, 동명사, 분사 등의 준동사라는 개념이 있습니다. 이 준동사의 개념을 이해하면 영어 회화를 할 때도 영어 쓰기를 쓸 때도 아주 유용하게 많이 활용할 수 있습니다.

세 번째, 팝송으로 문법 공부하기

팝송은 영어 공부에 있어서 최고의 재료입니다. 내가 좋아하는 팝송, 요즈음 유행하는 팝송, 특히 영화나 애니메이션 OST 등은 아이들이 좋아하는 영어 공부 도구입니다. 무엇보다도 팝송으로 문법을 배우면 지루하지 않고 재미가 있습니다. 또한, 팝송 몇 곡을 완벽하게 외워서 부를 수 있다면 얼마나 멋진 일입니까?

〈Everything at once(한 번에 모든 것)〉라는 팝송의 가사를 볼까요.

Everything at once (한 번에 모든 것)

- by Lenka(렌카) -

As sly as a fox, as strong as an ox

(여우처럼 교활하고, 황소처럼 강해요)

As fast as hare, as brave as a bear

(토끼처럼 빠르고, 곰처럼 용감해요)

As free as a bird, as nest as a word

(새처럼 자유롭고, 단어처럼 정돈되어 있죠)

As quiet as a mouse, as big as a house

(쥐처럼 조용하고, 집처럼 커다랗죠)

All I wanna be, all I wanna be, oh

(내가 되고 싶은 것은, 내가 되고 싶은 것은)

All I wanna be is everything

(내가 되고 싶은 것은 모든 것이에요)

As mean as a wolf, as sharp as a tooth

(늑대처럼 비열하고, 이빨처럼 날카로워요)

As deep as a bite, as dark as the night

(무는 것처럼 깊고, 밤처럼 어두워요)

영어 문법 요소 중 형용사, 부사의 원급을 익히기에 너무나 좋은 팝송입니다.
내용도 좋은데 문법까지 공부할 수 있는 팝송입니다.

다음은 〈Lemon tree(레몬 트리)〉라는 팝송의 가사입니다.

Lemon tree(레몬 트리)

- by Fool's Garden(풀스 가든) -

I'm sitting here in a boring room

(난 지루한 방에 앉아 있어)

It's just another rainy Sunday afternoon

(그저 비 오는 또 다른 일요일 오후)

I'm wasting my time I got nothing to do

(아무것도 할 게 없어 내 시간을 허비하고 있지)

I'm hanging around I'm waiting for you

(어슬렁거리며 널 기다리고 있어)

But nothing ever happens and I wonder

(하지만 아무 일도 일어나지 않아서 나는 궁금해)

I'm driving around in my car

(내 차를 타고 돌아다니고 있어)

I'm driving too fast, I'm driving too far

(빠르게 운전하고, 멀리 운전하고 있어)

I'd like to change my point of view

(내 관점을 바꾸고 싶어)

위 팝송에는 영어 문법 중 진행시제가 있습니다. 한국어에는 없는 생소한 개념이라서 학생들이 현재시제와 현재 진행시제를 많이 어려워하는데, 이 노래는 현재 진행형을 익히기에 좋은 노래입니다.

네 번째, 문법 개념을 공부하고 글쓰기나 문장 쓰기로 확장하기

문법 개념도 공부하고 문제도 많이 풀어 봤다면 이제는 배우고 익힌 문법을 이용해서 글을 써 보기를 추천합니다. 시험을 위한 문법 공부보다는 우리가 실제로 영어 글쓰기나 말하기에 적용할 수 있어야 합니다. 약도 있으면 써야 하는 것처럼 문법도 마찬가지입니다. 눈으로만 공부하고 머리로만 아는 그런 문법이 아니라 적용하고 사용하는 문법 공부가 되어야 합니다.

TITLE : Telescope

Name : Elsa

Date : 9.6

해피써니영어

When we see the night sky, we can see the moon, planets, and stars. But their details aren't seen by our eyes. So how can we see them? The answer is using telescopes.

Telescope is an equipment which help us to see something located far away. It can be divided widely by two. One is a refracting telescope, and another is a reflecting telescope.

Refracting telescope is a telescope which collects lights with two lenses. The telescope also can be divided by two, Galilean telescope and Keplerian telescope.

The Galilean's ocular lens is made of convex lens. So, an image is seen straight when we use Galilean's but it has a narrow view. However, when we use Keplerian's an image appears to be upside down, but it has a wide view. So the Galilean - telescope is used for binoculars and Keplerian telescope is used for astronomical observation.

A reflecting telescope also can be divided by two, Newton's telescope and Cassegrain telescope. They both use mirrors instead of lenses. Their images aren't stabled but they are clearly. So they are usually used as a large telescope by amateur.

[문법을 활용한 글쓰기 (예 1)]

나는 영어가 재미있다

TITLE : MY DREAM (to 부정사) sunny english

해피써니영어

Name : 지윤

Date : 9/6

MY dream is <u>to be</u> a zoo keeper.

I came to the zoo and saw big animals

and learned about zookeepers. But It was

too scary for me <u>to see</u> a big animals.

I wanted <u>to win</u> my scary mind about animals.

So I saw the tiger <u>to eat</u> small animal.

It was <u>hard for me</u> <u>to meet</u> tigers. But

when I thought about my dream, I saw the

tiger well. Next, I went to the zookeeper's

office. A zookeeper is an interesting job

<u>to work</u>. I will make my dream

come true.

[문법을 활용한 글쓰기 (예 2)]

다음은 가장 기본적인 영어 문법 용어에 대해 정리한 것입니다.

문장의 분류		특징
문장의 구성 요소	주어	문장의 주인공을 나타내는 말, 보통 문장은 주어로 시작
	목적어	동사 뒤에 위치하며 주어가 하는 행동의 대상을 나타내는 말
	보어	주어나 목적어를 보충 설명하는 말
	서술어	문장에서 주어가 하는 동작이나 행동을 나타내는 말
	수식어	앞이나 뒤에 오는 단어나 구 문장을 꾸며주는 말
문장의 종류	평서문	정보, 생각, 감정을 진술한 문장
	긍정문	평서문이고 부정의 뜻이 없는 문장
	부정문	평서문에서 부정의 뜻인 not이 있는 문장
	의문문	묻는 문장으로 뒤에 물음표가 있음
기본 개념	단어	알파벳으로 이루어진 것으로 뜻이 있는 가장 작은 단위
	구	2개 이상의 단어로 이루어진 덩어리. 주어, 동사가 없음
	절 (=문장)	2개 이상의 단어로 이루어진 덩어리, 반드시 주어와 동사로 이루어져야 함

분류		특징
8품사	명사	사람, 사물, 장소의 이름을 나타내는 말 **예** mom, dad, book, cat, school
	대명사	명사를 대신하는 말 **예** mom = she, dad = he, cat = it
	동사	주어가 하는 행동이나 동작을 나타내는 말 **예** go, have, like
	형용사	명사를 꾸며주는 말 **예** good, hungry, happy, nice
	부사	형용사, 부사, 동사, 문장 전체를 꾸며주는 말 **예** happily, very, never
	전치사	명사 앞에 쓰여 시간, 위치, 방향을 나타내는 말 **예** in, on, at, under
	접속사	단어, 구, 문장을 연결하는 말 **예** and, but, or
	감탄사	느낌이나 놀란 감정을 나타내는 말 **예** wow, aha, ouch

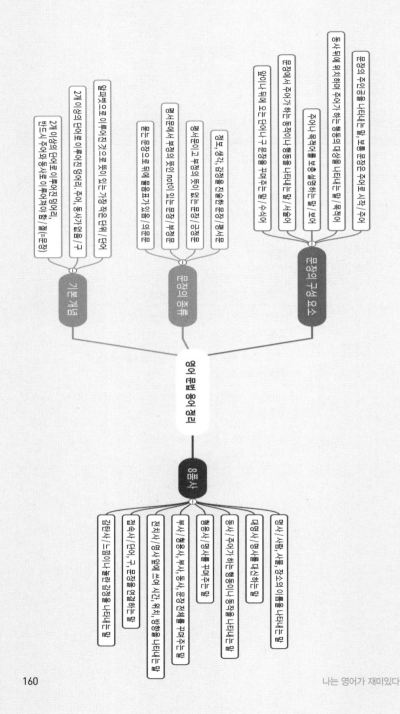

영어 문법 용어 정리

기본 개념
- 2개 이상의 단어로 이루어진 언어리,
  반드시 주어와 동사로 이루어져야 함 / 절(=문장)
- 2개 이상의 단어로 이루어진 언어리, 주어, 동사가 없음 / 구
- 알파벳으로 이루어진 것으로 뜻이 있는 가장 작은 단위 / 단어

문장의 종류
- 묻는 문장으로 물음표가 있음 / 의문문
- 명령문에서 부정의 not이 있는 문장 / 부정문
- 일반문의 긍정의 뜻이 있는 문장 / 긍정문
- 경고, 생각, 감정을 전달하는 문장 / 평서문

문장의 구성 요소
- 앞이나 뒤에 오는 단어나 구문장을 꾸며주는 말 / 수식어
- 문장에서 주어가 하는 동작이나 행동의 대상을 나타내는 말 / 목적어
- 주어나 목적어를 보충 설명하는 말 / 보어
- 동사 뒤에 위치하며 주어가 하는 행동이나 동작의 대상을 나타내는 말 / 목적어
- 문장의 주인공을 나타내는 말, 보통 문장은 주어로 시작 / 주어

8품사
- 감탄사 / 느낌이나 놀람 감정을 나타내는 말
- 접속사 / 단어, 구, 문장을 연결하는 말
- 전치사 / 명사 앞에 쓰여 시간, 위치, 방향을 나타내는 말
- 부사 / 명사를 꾸미고, 부사, 동사, 문장 전체를 꾸며주는 말
- 형용사 / 명사를 꾸며주는 말
- 동사 / 주어가 하는 행동이나 동작을 나타내는 말
- 대명사 / 명사를 대신하는 말
- 명사 / 사람, 사물, 장소의 이름을 나타내는 말

160   나는 영어가 재미있다

퍼펙트 해피써니 쌤이 알려주는 파닉스 이야기

Q.: 파닉스(phonics) 공부를 왜 하나요?

A: 안녕하세요, 해피써니 쌤입니다. 파닉스는 글자와 소리와의 관계를 배우는 것을 말합니다. 파닉스를 공부하는 이유는 바로 읽기를 잘하기 위해서입니다. 한글을 읽기 위한 공부를 따로 하지 않고 그냥 한글책을 읽고 한글을 익히는 것과 마찬가지로 영어도 어렸을 때부터 영어책을 많이 읽고 접한 아이들은 파닉스를 공부하지 않고도 영어를 읽고 쓸 수 있습니다. 하지만 그런 아이들은 10명 중에 1~2명의 비율로 극소수입니다. 평범한 아이들, 영어를 초등학교 3학년에 처음 접하는 아이들에게 영어를 읽는다는 것은 우리가 생소한 아랍어를 접하는 것과 같은 느낌이라고 보면 됩니다. 영어책을 읽어야 하고 영어 문제를 풀어야 하는 아이들에게 있어서 파닉스는 꼭 공부해야 하는 과정입니다. 제가 현장에서 느꼈던 파닉스에 대한 모든 것을 지금부터 이야기해줄게요.

처음에 파닉스를 접한 것은 2005년이었습니다. 그때만 해도 영어 교육 과정에서 파닉스 수업을 별도의 과정으로 놓거나, 커리큘럼으로서 수업에 꼭 필요한 과정이라는 의견보다는 읽기를 도와주기 위한 하나의 방법 정도로만 여겼습니다. 하지만 요즈음 많은 영어 학원에서 처음 영어를 접하는 아이들은 무조건 파닉스 반에서 공부하라고 말을 합니다. 영어의 알파벳 철자는 26개로 구성되어 있습니다. 하지만 실제 발음은 50개 이상으로 서로 다른 음을 이용하여 발음합니다. 철자와 발음상의 체계적인 교육을 받지 않으면 영어를 잘 읽을 수 없습니다.

그러므로 파닉스를 꼭 함께 공부해야 합니다. 파닉스 과정에서는 단순히 A, B, C, D……의 알파벳만을 배운다고 생각하시면 안 됩니다. 파닉스 과정을 간단하게 정리해 보면 다음과 같습니다.

첫 번째로, 파닉스 과정에 알파벳 글자의 이름과 소리를 배우는 포네믹 어웨어니스(Phonemic Awareness, 음소 인식)'라는 것이 있어요. 예를 들어, A의 소리는 '애', C의 소리는 '-크-'처럼 글자의 소리를 배우고 익힙니다.

두 번째로, 글자를 합치고 읽고 인지하는 블렌딩(Blending)도 있습니다. 예를 들어, c /크/ + a /애/ + t /트/ = cat이 되고 p/프/ + I /이/ + g /그/ = pig가 된다는 법칙을 배웁니다.

세 번째로, 붙어 있는 글자를 따로 떼어내는 세그멘팅(Segmenting)도 있습니다. 예를 들어, 'cat'이라는 단어를 듣고 보고 'c', 'a', 't'라는 알파벳을 떠올려야 하고 'pig'라는 단어를 보거나 들으면 'p,' 'i', 'g'라고 소리(Sound)를 파악하는 과정을 배웁니다.

끝으로, 우리가 흔히 말하는 시에서의 운율과 같은 끝소리가 같은 단어들을 찾는 라이밍(Rhyming)이 있습니다. 예를 들어, cat, hat, mat, bat, rat은 단어의 끝 철자가 at으로 모두 같습니다. 이렇게 젓가락, 숟가락, 발가락, 손가락에서 가락이 같은 단어로 소리로 되어있는 것을 라이밍이라고 합니다.

영어를 처음 접할 때 이렇게 다양한 방법의 파닉스 방법들을 적용해서 단어를 배우면 좋아요. 무작정 단어의 스펠링을 외우는 것이 아니라 법칙을 이해하면서 영어 단어를 읽는 방법을 터득하는 것입니다.

나는 영어가 재미있다

파닉스를 배우는 3개월 또는 6개월의 과정 동안은 영어 공부하기의 기초를 세우는 것입니다. 교육부에서 정한 초등 필수 어휘 800개를 파닉스 과정 중에 300개 소화한다고 보면 됩니다. 쉽게 말해서 파닉스를 공부한 아이와 그렇지 않은 아이는 100m 달리기를 한다고 가정했을 때, 공부한 아이는 30m 앞에서 먼저 출발하는 것과 같은 상황입니다. 물론, 영어를 공부하기 시작한 아이들이 3개월, 6개월의 파닉스를 공부한다고 해서 파닉스 전부를 알지는 못합니다. 그래도 영어책을 읽거나 단어 공부를 하면서 꼭 병행해야 하는 것도 파닉스입니다.

파닉스를 공부하기 위한 다양한 방법과 책들이 있지만 가장 중요한 핵심은 많이 듣고 많이 읽는 것입니다. 단어를 가지고 논다고 표현하는데, 많은 단어를 읽어보고 또 분리도 해 보면 됩니다.

한번은 이런 적도 있었어요. 처음 영어 공부를 시작한 8세 학생들에게 라이밍 수업을 할 때였어요. 아이들은 처음으로 접한 라이밍이라는 법칙을 굉장히 신기해했어요. 한글에 있는 단어로 라이밍을 찾아오라는 숙제를 냈는데 리오(Leo)라는 학생이 수업이 시작되자마자 손을 들고 발표를 했어요. "써니 쌤, 제가 너무도 신기한 라이밍을 찾았어요."라고 하면서 이어 발표를 이어갔어요. "빵꾸 똥꾸 짝짝", "빵꾸 똥꾸 짝짝……." 그날 리오의 깜찍하고 재미있는 발표 덕분에 교실은 순식간에 웃음바다가 됐답니다. 이렇게 하나의 놀이처럼 영어뿐만 아니라 한글에 있는 운율을 찾아보는 것도 좋은 영어 공부가 될 수 있습니다.

파닉스를 공부하다 보면 파닉스 법칙에 해당하지 않고 영어책에 자주 등장하는 수많은 단어를 만나게 됩니다. 그것이 바로 사이트 워드(Sight Words), 다른 말로는 일견 어휘, High Frequency Words, Star Words라고 합니다. 한눈에 알아 보고 읽어야 하는 단어라는 의미의 사이트 워드는 그림책이나 영어책을 읽을 때도 거의 책의 반 이상 내용을 차지하며 자주 나옵니다.

파닉스를 배웠다고 해서 책을 쭉쭉 읽을 수 있는 것은 아닙니다. 하지만 사이트 워드를 많이 익히고 알수록 우리 아이는 책을 읽을 때 자신감이 넘칩니다. 사이트 워드를 얼마만큼 인지하고 있느냐에 따라 우리 아이의 리딩 실력이 달라지기 때문입니다.

사이트 워드는 단어를 그대로 보고 바로 읽을 수 있게 훈련을 하는 것이 가장 좋습니다. 처음 영어를 시작하는 아이에게는 사이트 워드를 종이에 써서 책상에도 붙이고 책 위에도 붙여서 자주자주 보게끔 해서 인지할 수 있게끔 도와주어야 합니다. "파닉스를 먼저 공부해야 할까요? 사이트 워드를 먼저 공부해야 할까요?"라고 물어본다면 순서는 중요하지 않아요."라고 대답할 정도로 둘 다 아주 중요합니다.

우리가 궁극적으로 영어를 공부하는 이유는 내 생각을 말하고 다른 사람의 말을 잘 이해하는 데 있다는 것을 잊으면 안 됩니다. 파닉스나 사이트 워드를 공부하는 것도 결국은 우리의 생각을 영어로 말하고 쓰기 위한 것입니다.

필수 사이트 워드

[6~7세]

a	an	and	are	at
am	all	ate	be	big
blue	but	black	brown	can
came	come	do	did	down
eat	find	for	four	funny
get	go	good	has	have
he	help	here	I	in
is	it	into	jump	like
little	look	make	me	must
my	no	not	new	now

not	on	one	our	out
play	please	pretty	ran	red
ride	run	said	saw	see
she	so	soon	the	that
there	three	this	they	to
too	two	under	up	want
was	were	went	well	wall
what	where	white	who	will
with	when	which	go	yo-yo
you	yellow	yes	zero	zoo

after	again	always	an	any
around	as	ask	been	before
best	both	buy	by	call
cold	could	does	don't	every
fast	first	five	fly	found
from	gave	give	going	goes
had	her	him	how	its
just	know	let	live	may
many	of	off	or	once
open	over	put	pull	read

1. 필사하기

자신이 좋아하는 책의 일부를 직접 써봅시다.

2. 한 단어 바꿔서 따라 쓰기

What do you like?

I like pizza

3. 영어 일기 쓰기

오늘의 일기를 영어로 써 봅시다.

TITLE:

Name:

Date:

나는 영어가 재미있다

4. 하루 3줄 메모하기

.　　　　.　　　　. Feelings:

Topic:

.　　　　.　　　　. Feelings:

Topic:

.　　　　.　　　　. Feelings:

Topic:

5. 독서 감상문 쓰기

Name: Date:

BOOK REPORT

TITLE:
AUTHOR:

Brainstorm your ideas about the topic and write words!

Name: Date:

BOOK REPORT

TITLE:
AUTHOR:

Draw your favorite part of the story!

Name:　　　Date:

BOOK REPORT

TITLE:
AUTHOR:

SUMMARY:

나는 영어가 재미있다

6. 영화 감상문 쓰기

영화 감상문을 영어로 써 봅시다.

TITLE:

Name:

Date:

7. 영어 단어를 이용해서 문장 만들기

다음의 단어를 이용해서 자신만의 문장을 만들어 봅시다.

1.cat (고양이)
⇨ Do you have a cat? / I like a cat because it is so cute.

2. dog (강아지)
⇨

3. farm (농장)
⇨

4. family (가족)
⇨

5. mom (엄마)
⇨

6. car (자동차)
⇨

7. English (영어)
⇨

8. library (도서관)
⇨

9. park (공원)
⇨

10. black (검정색의)
⇨

11. red (빨간색의)
⇨

12. next to (~의 옆에)
⇨

13. in front of (~의 앞에)

　⇨

14. happy (행복한)

　⇨

15. hungry (배고픈)

　⇨

16. very (매우)

　⇨

17. lovely (사랑스러운)

　⇨

18. fast (빠른/ 빨리)

　⇨

19. high (높은/ 높게)

　⇨

20. go (가다)

　⇨

21. study (공부하다)

　⇨

22. drink (마시다)

　⇨

23. travel (여행하다)

　⇨

24. take care of (돌보다)

　⇨

25. look forward to ~ing (고대하다)

　⇨

8. 끝말 잇기

다음의 단어를 이용해서 끝말을 이어 봅시다.

▶ cat → teacher →

▶ school →

9. 첫 글자 게임

다음의 알파벳을 이용해서 단어를 만들어 봅시다.

▶ 알파벳 'b'로 시작하는 단어 쓰기

▶ 알파벳 's'로 시작하는 단어 쓰기

10. 시간 정해 놓고 알고 있는 단어 모두 쓰기

5분 동안 아는 단어를 모두 적어 봅시다. 많은 단어를 쓰는 것이 목표!

11. 특정한 주제를 주고 생각나는 단어 모두 쓰기

다음의 주제를 이용해서 생각나는 단어를 써 봅시다.

▶ 주제: animal

12. 4컷 만화 그리기

13. 영어로 편지 쓰기

Dear

다독 하기	영어 원서 읽기	낭독의 힘
정독 하기	리딩	추천 작가
책 고르기	좋아하는 책 읽기	발음 보다는 콘텐츠

Action English	나만의 롤모델 정하기	연습이 최고의 지름길
문장 확장 & 변형하기	스피킹	자신감
영화, 애니메이션 더빙하기	영어 뮤지컬 하기	Role-Play

유트브 이용하기	영어 챈트 영어 노래	무조건 많이 듣기
해외 tv 시리즈	듣기	받아 쓰기
장편 애니메이션 보기	영화 보기	팝송 듣기

세그 멘팅	블렌딩	영어 리딩을 위한 워밍업
라임잉	파닉스	추천 파닉스 교재
Word Family	스토리로 파닉스 공부	빙고 게임

리딩	스피킹	듣기
파닉스	영역별 영어 공부법	쓰기
사이트 워드	어휘	문법

영어 일기 쓰기	한 단어 바꿔 쓰기	필사하기
간단한 메모 쓰기	쓰기	편지 쓰기
독서 감상문, 영화 감상문	포스터 만들기	만화로 표현하기

일견 어휘	고빈출 어휘	눈으로 바로 인지하는 단어
필수 사이트 워드	사이트 워드	추천 사이트 워드 교재
사이트 워드 팝콘 게임	빙고 게임	워드 서치

나만의 문장 만들기	영어의 재료가 어휘다	무조건 외우지 마라
끝말 잇기 게임	어휘	추천 어휘 교재
앞글자 게임	시간 정하고 단어 쓰기	주제 정하고 단어 쓰기

간단하게 설명하기	마인드맵, 백지 테스트	문법 개념 정리
예문 외우기	문법	추천 문법 교재
책, 독해 속 공부하기	팝송으로 공부하기	익힌 문법으로 문장, 글쓰기

자신의 영역별 영어 학습 만다라트를 써 봅시다.

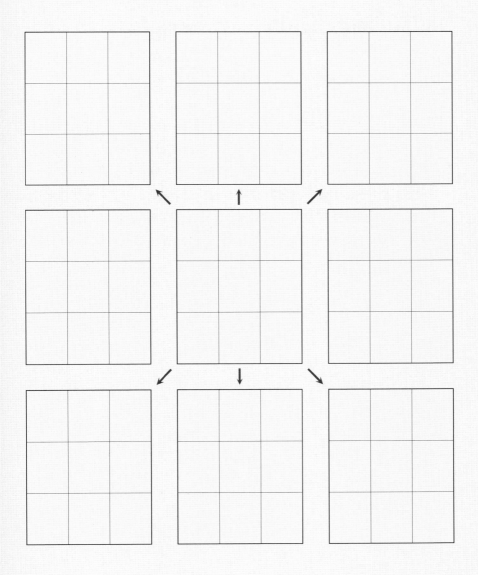

영어와 아이들을 향한 해피써니의 식지 않는 열정

이부자리의 홍건함에 화들짝 놀라 잠에서 깼다. 쌍둥이를 임신 중이었는데, 그만 양수가 터진 것이다. 영어 공부방을 오픈하고 2년이 채 안 되었을 때의 일이다. 너무 놀라고 무서웠던 그때 서둘러 대학병원 응급실로 향하면서 쏟아지는 눈물을 주체할 수가 없었다. 1.2kg과 1.9kg의 두 아이는 세상에 나오자마자 신생아 집중치료실(NICU)로 향했다. 일주일 만에 퇴원할 수 있었던 나와 딸과는 달리 아들은 꼬박 35일을 더 병원에 있어야 했다. 하루도 빠짐없이 신생아 집중실에 있는 아들을 보기 위해 오전 오후 병원을 찾아갔다. 병원을 오며 가며 어찌나 눈물을 쏟았던지, 아마 내가 평생 흘려야 할 눈물을 그때 다 쏟아냈는지도 모르겠다.

또래 아이들보다 체구는 비록 작았지만, 세상에서 가장 강한 아이로 키우고 싶었다. 주 수를 다 채우지 못한 아이는 5살이 될 때까지 신경외과와 재활센터에서 일주일에 두세 번씩 치료를 받아야 했다. 왕복 한 시간이 넘는 거리에 있는 치료센터에 가는 일보다 더 힘든 것은 치료받는 동안 온 힘을 다해 울면서도 그 과정을 버텨내는 아들을 지켜보는 일이었다.

이제는 옛말이 되었다. 그렇게 작은 아기로 태어났던 아들은 이제 로봇 과학자가 되겠다는 꿈을 갖고 씩씩하게 자라고 있다. 딸과 아들 그리고 영원한 나의 친구인 남편과 함께 축구도 하고 배드민턴을 하는 시간이 더없이 행복하다. 사실 자아실현도 좋고, 사회적 나눔 실천도 좋다. 하지만 가정의 평화와 행복 그리고 가족들의 응원과 지지가 없었다면 지금의 나는 없었을 것이다. 항상 곁에서 힘이 되어주는 가족들이 있어 모든 게 가능했다.

이 책을 집필할 때 제자들이 말했다.

"저는 선생님 팬클럽 1호 멤버입니다. 선생님이 완전 자랑스러워요!"

"우리 해피써니 선생님 최고! 친필 사인 꼭 해주세요."

"저는 세상에서 민경이 누나랑 민수 형이 제일 부러워요. 써니 티처가 엄마니깐요."

때로는 사람인지라 지치고 힘들 때도 분명 있다. 하지만 이런 아이들의 칭찬과 격려는 그 어떤 보약보다도 힘이 난다. 내가 더욱 열심히 살아가야 할 이유이기도 하다. 나의 제자들을 생각하면서 쓴 책이다. 아이들이 존경한다고 말하는 내가 어떻게 영어와 친해질 수 있었는지 그리고 어떻게 공부했는지 과거 경험들을 바탕으로 정리했다. 책을 쓰면서 다시 한번 다짐했다. 절대 자만하지 않을 것이며, 그것이 무엇이든지 나눔을 실천하면서 살겠노라고. 오늘도 오래전 함께 공부했던 한 제자에게 연락이 왔다. 눈이 오면 눈이 온다고, 날이 좋으면 날이 좋다고 이런저런 이유로 안부를 전하는 제자들이 제법 많다. 나름 잘 살았구나 싶은 게 입가에 미소가 절로 지어진다.

세상의 모든 아이가 영어와 친해질 수 있도록 식지 않는 열정으로 늘 연구하는 영어 선생님인 나 자신이 좋다. 앞으로도 나 자신에게, 가족에게 그리고 제자들에게 절대 부끄럽지 않은 삶을 살 것이다.

해피써니 티처 이선미

나는 영어가 재미있다

나는 영어가 재미있다

나는 영어가 재미있다

나는 영어가 재미있다

나는 영어가 재미있다